조지와 빅뱅 ①

BOOK 3 : GEORGE AND THE BIG BANG
by Lucy and Stephen Hawking
Copyright © Lucy Hawking 2011

Illustrations by Garry Parsons
Illustrations/Diagrams copyright © Random House Children's Books, 2011
Inside page design by Dickidot Ltd.

The right of Lucy Hawking to be identified as the author of this work has been asserted
in accordance with the Copyright, Designs and Patents Act 1988.

Published by arrangement with Random House Children's Books,
one part of the Random House Group Ltd.
All rights reserved.

Korean translation copyright © 2012 by RH Korea Co., Ltd.
Korean translation rights arranged with Random House Children's Books
through EYA (Eric Yang Agency).

이 책의 한국어판 저작권은 EYA(Eric Yang Agency)를 통해
Random House Children's Books사와 독점 계약한 (주)알에이치코리아에 있습니다.

저작권법에 의하여 한국 내에서 보호를 받는 저작물이므로 무단 전재와 복제를 금합니다.

스티븐 호킹의 우주 과학 동화

조지와 빅뱅 ①

루시 & 스티븐 호킹 지음 · 김혜원 옮김

주니어 RHK

 ## 등장인물 소개

조지 그린비 호기심 많고 영리한 소년. 어느 날 애완 돼지 프레디가 울타리를 뚫고 도망치는 바람에 괴상한 이웃 에릭과 그의 딸 애니, 슈퍼컴퓨터 코스모스를 만나게 되고, 그들과의 모험을 통해 점점 과학의 중요성을 깨닫는다. 그동안 에릭과 교류하며 익힌 과학 지식을 활용해 위험에 빠진 에릭을 구하는 데 결정적인 역할을 한다.

테렌스와 데이지 조지의 부모. 조지에게 안전하고 건강한 환경을 만들어 주기 위해 모든 옷을 손으로 빨고 직접 재배한 농작물로만 음식을 만들어 먹는 열혈 생태 환경 운동가. 쌍둥이를 낳은 뒤로 정신없는 하루하루를 보낸다.

프레디 조지의 핑크빛 돼지. 몸집이 점점 커져서 조지네 뒷마당에서 쫓겨나게 되자, 조지와 애니는 슈터컴퓨터를 이용해 우주에서 돼지가 살 만한 장소를 찾기 시작한다.

애니 다방면에 관심이 많은 조지네 옆집 소녀. 아무렇지 않게 거짓말을 꾸며 대기도 하지만 왠지 미워할 수 없는 귀여운 소녀이다. 중학생이 되면서 조지와 멀어지는 듯했지만, 결국 조지와 힘을 합쳐 에릭을 구한다.

에릭 애니의 아빠. 슈퍼컴퓨터 코스모스를 만든 천재 과학자이지만 착한 성품 때문에 함정에 빠진다. 과학에 대한 열정과 학식이 대단하며 과학 이외의 것들에는 무신경한 편이다. 거대 강입자 충돌기를 이용해 초기 우주의 모습을 재현하는 연구에 몰두해 있다.

수잔 애니의 엄마. 과학에 푹 빠져 사는 남편과 고집쟁이 딸 애니를 따뜻하게 보살핀다.

코스모스 우주의 문을 열어 주는 세상에서 가장 뛰어난 컴퓨터. 그 사실을 너무 강조해서 얄미울 때도 있지만, 정의와 의리를 지킨다.

그레이엄 리퍼 조지가 다니는 학교의 과학 선생님이었다. 대학 시절 코스모스에 얽힌 무시무시한 악연 때문에 에릭을 위험에 빠뜨리기도 했지만, 에릭이 위험하다는 것을 알고 조지에게 자신의 아바타를 보내서 도우려 한다.

빈센트 애니의 학교 선배. 스케이트보드 챔피언에다 태권도도 잘해 조지의 질투심을 자극한다. 긴박한 순간에 조지와 애니를 도와 활약하는 멋진 모습을 보여 준다.

주주빈 에릭이 다니던 대학의 지도 교수. 뛰어난 제자 에릭을 시기해서 구형 코스모스를 이용해 과거를 되돌리고, 에릭을 포함한 과학 탐구단 전원을 제거하려는 계획을 세우는 위험한 인물이다.

슈뢰디 주주빈의 고양이. 위기에 빠진 조지와 애니를 도운 뒤 홀연히 사라진다.

 **차례**

등장인물 소개 … 4

1장 … 11

2장 … 25

3장 … 42

4장 … 59

5장 … 86

6장 … 95

7장 … 101

8장 … 114

9장 … 129

10장 … 141

11장 … 155

 **지난 이야기**

조지의 우주 보물찾기
_ 외계에서 날아온 정체불명의 메시지, 우주에 또 다른 생명체가 있는 걸까?

내성적인 성격 탓에 친구도 없이 외롭게 지내던 조지는 이웃집에 사는 천재 과학자 에릭을 만나 과학을 배우면서 우주에 대한 호기심을 키워 간다. 그러나 세계 우주 기구에서 일하게 된 에릭이 자신의 딸 애니와 함께 미국으로 이사를 떠나면서, 조지는 과학 선생님과 단짝 친구를 동시에 잃고 또다시 지루한 하루하루를 보낸다.

그러던 어느 날 조지는 미국에 있는 애니로부터 도와달라는 내용의 이메일을 받게 되고, 부모님을 설득해 미국 여행길에 오른다. 한편 에릭은 자신이 만든 화성 탐사 로봇 호머가 화성에 도착하자마자 기이한 행동을 보여 깊은 고민에 빠진다. 이 모든 것이 외계인이 보낸 메시지와 관련이 있다고 생각한 애니는 슈퍼컴퓨터 코스모스를 찾아내, 조지와 함께 외계의 메시지에 담긴 단서들을 쫓아 우주 모험을 시작한다.

1장

> 우주에서 돼지가 살기에 가장 좋은 곳이 어디일까?

애니는 슈퍼컴퓨터 코스모스의 자판을 두드렸다.

애니가 장담했다.

"코스모스는 틀림없이 알고 있을 거야! 저 더럽고 칙칙한 농장보다 더 좋은 곳을 프레디한테 꼭 찾아 줄 거야!"

사실 돼지 프레디가 지금 살고 있는 농장은 더없이 좋았다. 적어도 다른 동물들은 그곳에서 행복해 보였다. 조지의 소중한 돼지 프레디만 비참했다.

세상에서 가장 똑똑한 컴퓨터 코스모스가 애니가 물은 질문에 답하기 위해 파일을 수천억 개 살펴보는 동안, 조지가 우울

하게 말했다.

"기분이 정말 안 좋아. 프레디가 어찌나 화가 났던지 나를 쳐다보지도 않더라."

"나는 쳐다보던데!"

애니가 스크린을 뚫어지게 쳐다보며 흥분된 목소리로 외쳤다.

"난 녀석의 눈빛에서 내게 뭔가를 간절히 바라고 있다는 걸 분명히 느꼈어. '도와줘! 날 여기서 내보내 줘!'라고 말이지."

프레디를 만나러 농장에 갔던 날, 조지와 애니는 실망만 안고 돌아왔다. 농장은 조지와 애니가 사는 대학 마을 폭스브리지의 외곽에 있었다. 그날 오후 늦게 애니의 엄마 수잔은 아이들을 데리러 농장으로 갔다가 깜짝 놀랐다. 조지는 화가 잔뜩 나서 얼굴이 시뻘겠고, 애니는 눈물이 금방이라도 뚝뚝 떨어질 것 같은 표정이었기 때문이다.

"조지! 애니! 너희 둘 다 얼굴 표정이 왜 그러니?"

수잔이 걱정스럽게 물었다.

"프레디 때문이에요."

애니가 얼른 자동차 뒷좌석에 올라타면서 툴툴거렸다.

"녀석이 이 농장에 있기 싫어해요."

프레디는 조지의 애완 돼지였다. 조지의 할머니가 새끼 돼지인 프레디를 크리스마스 선물로 줬던 것이다. 생태 환경 운동가인 조지의 부모님은 선물 주고받기를 그다지 좋아하지 않았다. 크리스마스가 지나면 버림받고, 부서지고, 환영받지 못한 장난감들이 낡은 플라스틱이나 금속 더미가 되어 바다를 둥둥 떠다니며 고래들을 질식시키고, 갈매기들을 숨 막히게 하고, 육지에서는 볼품없는 쓰레기 더미가 되는 것을 탐탁지 않게 여겼다.

조지의 할머니 마벨은 조지에게 평범한 선물을 하면 조지의 부모가 곧장 선물을 돌려보내 모두가 기분이 상할 거라고 짐작했다. 그래서 조지가 크리스마스 선물을 간직할 수 있게 하려면, 무언가 특별한 선물을 생각해 내야 한다고 판단했다. 지구를 파괴하기보다, 지구를 도와주는 무언가를 말이다.

그렇게 해서 어느 추운 크리스마스이브에 조지는 문간에서 작은 새끼 돼지 한 마리와 '이 작은 녀석한테는 따뜻한 집이 필요하단다. 녀석을 잘 키워 줄 수 있겠니?'라고 적힌 할머니의 편지가 들어 있는 상자를 발견했다. 조지는 뛸 듯이 기뻤다. 엄마 아빠가 간직하도록 허락할 수밖에 없는 크리스마스 선물을 받은 것도 좋았지만, 무엇보다도 자신만의 돼지를 갖게 되어 행복했다.

문제는 이 작은 핑크빛 돼지의 몸집이 점점 불어난다는 것이었다. 돼지는 몸집이 불고 불어, 엄청나게 커져 평범한 단층 구조 집 뒷마당에 둘 수 없을 정도가 되었다. 뒷마당이라고 해 봐야 좁다란 땅뙈기 하나와, 옆집과 경계를 이루는 두 울타리 사이에 초라한 채소밭이 있는 게 고작이었기 때문이다. 그러나 조지의 엄마 아빠는 정말로 마음이 따뜻한 사람들이었다. 그래서 조지가 프레디라고 이름 붙인 이 돼지가 새끼 코끼리와 맞먹을 정도로 커질 때까지도 마당에 있는 돼지우리에서 쭉 살게 내버려 두었다. 조지는 프레디 몸집이 불어나도 아랑곳하지 않았다. 조지에겐 너무도 사랑스러운 돼지였다. 조지는 몇 시간이고 마당에 죽치고 있으면서 프레디에게 말을 걸거나, 녀석의 거대한 그림자 밑에 앉아 우주의 신비에 대한 책들을 읽으면서 지내곤 했다.

불행히도 조지의 아빠 테렌스는 프레디를 전혀 좋아하지 않았다. 프레디는 너무 크고, 너무 더럽고, 너무 제멋대로였다. 게다가 테렌스가 조심스럽게 가꾼 채소밭을 마구 돌아다니며 시금치와 브로콜리를 짓밟는가 하면, 싹이 나오기가 무섭게 당근을 몽땅 먹어 치우기 일쑤였기 때문이다. 지난여름 쌍둥이가 태어나기 전에,

조지네 가족 모두가 여행을 떠난 적이 있었다. 그때 테렌스는 아이들이 동물을 만지며 놀 수 있는 근처 어린이 농장에 프레디를 맡겨 두고는, 여행에서 돌아오면 녀석을 다시 집으로 데려오겠다고 조지와 약속했다.

 그러나 그 약속은 지켜지지 않았다. 조지와 부모님이 여행에서 돌아오고, 옆집에 사는 과학자 에릭과 아내 수잔, 딸 애니도 미국 생활을 정리하고 돌아왔다. 그 뒤 조지의 엄마가 쌍둥이 딸 주노와 헤라를 낳았다. 쌍둥이는 울고 웃고 미소를 지었다. 그리고 갈수록 더 많이 울었다. 둘 중 하나가 울음을 멈추면 순간 쥐 죽은 듯한 정적이 흐르다가도 다시 또 다른 녀석이 귀청이 떨어져라 울어 젖히곤 했다. 그 바람에 조지는 고생하는 부모님께 차마 프레디 얘기를 꺼낼 수가 없었다. 애니가 미국에서 돌아오자, 조지는 뒷마당 울타리에 난 구멍으로 빠져나가는 횟수는 점점 더 늘었다. 그러다 마침내 조지는 애니네 가족과 슈퍼컴퓨터 코스모스와 거의 살다시피 하기에 이르렀다.

 그사이 프레디의 상황은 더 나빠졌다. 프레디는 집으로 영영 돌아오지 못했으니까.

 쌍둥이가 태어나자, 조지의 아빠는 뒷마당에 커다란 돼지가 없는데도 일손이 부족하다고 투덜거렸다. 조지가 따지고 들자 아빠는 짐짓 거드름을 피우며 설교하듯 말했다.

 "프레디는 지구의 동물이야. 너하고 지내기보다 자연에서 자유

롭게 뛰어노는 게 녀석한테도 더 좋은 일이야."

하지만 프레디는 작은 어린이 농장에도 더 이상 머무를 수 없는 처지가 되었다. 농장이 올 여름 방학 초에 문을 닫게 되었기 때문이다. 프레디는 그곳에 있던 다른 동물들과 함께 더 넓은 곳으로 옮겨졌다. 특이한 농장 동물들이 있고, 특히 여름 방학이면 많은 사람들이 구경 오는 곳이었다. 조지는 속으로 자신과 애니가 초등학교에서 훨씬 더 큰 중학교로 올라가는 것과 같은 일이라고 생각했다. 꽤 무서운 일이었다.

"자연이라고? 흥!"

조지는 아빠가 한 말을 떠올리며 혼자 코웃음을 쳤다. 슈퍼컴퓨터 코스모스는 여전히 우주에서 집 없는 돼지가 살기에 가장 좋은 장소를 찾는 문제를 푸느라 바빴다.

"난, 프레디가 자기가 지구의 동물이라는 걸 알고 있다고 생각하지 않아. 녀석은 그저 우리와 함께 있고 싶어 할 뿐이라고."

조지가 인상을 찌푸리고 말했다.

"맞아, 정말 녀석의 표정이 너무 슬퍼 보였어!"

애니도 프레디를 떠올리며 맞장구를 쳤다.

"녀석이 꼭 울고 있던 것 같더라."

그날 일찍 농장에 갔을 때, 조지와 애니는 프레디가 사지를 쫙 벌린 채, 돼지우리 바닥에 배를 깔고 누워 있는 모습을 보았다. 멍한 눈빛에 양 볼은 움푹 들어가서 해쓱하기까지 했다. 반면 다른 돼

지들은 즐거운 표정으로 장난을 치면서 이리저리 돌아다니고 있었다. 돼지우리는 넓고 바람이 잘 통했다. 농장도 깨끗했고 그곳에서 일하는 사람들은 친절했다. 그러나 아무리 그렇다고 해도 프레디는 혼자 괴로워하는 듯했다. 조지는 몹시 죄책감을 느꼈다. 여름방학은 끝났고, 자신은 프레디를 다시 집으로 데려오기 위해 아무 일도 하지 못했다. 오늘 농장에 가 보자고 제안하고, 엄마를 보채서 그곳까지 태워다 주고 데리러 오게 한 것도 애니였다.

조지와 애니는 농장의 일꾼들에게 프레디가 왜 그러는지 물어보았다. 일꾼들도 걱정되는 눈치였다. 수의사도 살펴봤는데, 프레디가 아픈 건 아니라고 했다. 점점 수척해지고는 있지만, 그저 행복하지 않은 것뿐이라고 했다. 따지고 보면 녀석은 조지네 조용한 뒷마당에서 자라다가 어린아이들이 아무 때나 와서 만지는 작은 농장으로 옮겨졌다. 게다가 지금 지내는 이 새로운 곳에서는 시끄럽고 낯선 동물들에게 에워싸여 있고, 날이면 날마다 방문객이 많이 찾아왔다. 그래서 큰 충격을 받은 모양이었다. 프레디는 과거에 다른 돼지들과 산 적이 없었다. 다른 동물들에게 전혀 익숙하지 않았다. 사실 프레디는 자신을 돼지라기보다 사람으로 여겼다. 방문객들이 돼지우리 가장자리에 매달려 자신을 빤히 쳐다보는 농장에서 자신이 무얼 하고 있는 건지 이해하지 못했다.

"저희가 녀석을 집으로 데려가면 안 되나요?"

조지가 묻자, 일꾼들은 조금 당황한 듯했다. 동물을 이주시키는 데는 규칙과 제한이 많았고, 이제는 프레디가 도시 뒷마당에서 살기에는 너무 크다고 생각했다.

"곧 나아질 거야! 기다려 보자. 다음에 찾아왔을 때는 많이 달라져 있을 거야."

일꾼들은 조지를 안심시켰다.

"하지만 녀석이 여기에 온 지 이미 몇 주가 지났잖아요."

조지가 따졌지만 일꾼들은 듣는 둥 마는 둥 했다.

그러나 애니에게는 다른 생각이 있었다. 조지와 함께 집으로 돌아오자마자, 애니는 계획을 짜기 시작했다.

"프레디를 다시 너희 집으로 데려올 수는 없어. 그래 봤자 너희 아빠가 다시 농장으로 돌려보내실 거야. 그렇다고 여기로 데려와 우리와 살 수도 없는 노릇이고."

애니가 코스모스의 전원을 켜면서 말했다.

조지는 애니의 말이 옳다는 것을 알고 있었다. 조지는 에릭의 서재를 둘러보았다. 책상 위에는 코스모스가 있고, 그 주위에는 과학 논문과 책들이 아슬아슬하게 쌓여 있었다. 절반쯤 마시다 만 찻잔들과 중요한 방정식들을 휘갈겨 쓴 종잇조각들도 어지럽게 널려 있었다. 애니의 아빠는 슈퍼컴퓨터를 이용해서 우주의 기원을 밝히는 이론들을 연구하고 있었다. 돼지가 살 집을 찾는 일도 그만큼이나 어려워 보였다.

애니네 가족이 이 집에 맨 처음 이사 왔을 때, 프레디가 울타리에 구멍을 내고는 에릭의 서재로 돌진해서 책들을 이리저리 날려 보내 난장판을 만들었다. 그러나 에릭은 오히려 아주 기뻐했었다. 프레디 덕에 그 난장판 속에서 에릭이 애타게 찾던 책을 찾았기 때문이다. 하지만 요즘은 에릭도 돼지를 반기지 않으리라는 것을 조지와 애니 둘 다 잘 알고 있었다. 에릭은 지금 할 일이 너무 많아서 돼지의 장난을 눈감아 줄 여유가 없었다.

"프레디한테 좋은 장소를 찾아 줄 사람은 우리밖에 없어."

애니가 딱 부러지게 말했다.

핑! 코스모스의 스크린이 다시 밝아지면서 다양한 빛깔로 번쩍이기 시작했다. 이 위대한 컴퓨터가 만족스러운 결과물을 찾아냈다는 확실한 신호였다.

"지구 부근에 있는 우주 지역의 조건과 돼지 생활의 안정성에 대한 조사 결과를 준비했어."

코스모스가 당당하게 말했다.

"각 상자를 클릭해서 우리 태양계 안에 있는 행성에 따라 돼지의 생활 방식이 어떤지 살펴봐. 행성마다 나름대로 재미있는 이름을 붙여 두었어."

슈퍼컴퓨터는 자못 의기양양했다.

"코스모스, 넌 정말 최고야!"

애니가 감탄사를 연발했다.

코스모스 화면에는 각각 태양계의 행성 이름을 붙인 작은 상자 여덟 개가 있었다. 애니는 먼저 '수성'이라는 상자를 살펴보았다.

수성
그을린 돼지

목성
가라앉는 돼지

금성
냄새 나는 돼지

토성
궤도를 도는 돼지

지구
행복한 돼지

천왕성
뒤집힌 돼지

화성
통통 튀는 돼지

해왕성
바람 맞는 돼지

우리 태양계

태양계는 우리의 별 태양을 공전하는 행성 가족에게 붙인 이름이다.

우리 태양계는 어떻게 만들어졌나?

 1단계
가스와 먼지구름이 붕괴되기 시작한다. 아마도 가까운 초신성의 충격파가 원인이었을 것이다.

우리 태양계는 46억 년 전에 형성되었다.

 2단계
먼지구름이 형성되어 빙글빙글 돌면서 더 많은 먼지를 끌어들인다. 그러는 동안 원반은 납작해지면서 점점 더 커지고 더 빨리 돈다.

 3단계
붕괴된 구름의 중심 지역이 점점 뜨거워지다가 마침내 타기 시작하면서 별이 되었다.

 4단계
별이 타는 동안, 주위에 있는 원반의 먼지가 서서히 결합되어 덩어리들이 만들어졌다. 이 덩어리들은 바위처럼 단단해져 마침내 행성이 되었다. 행성은 중심에 있는 우리 별 주위를 돌며, 두 개의 주요 그룹을 형성하게 되었다. 하나는 태양에서 가까운 뜨거운 암석 행성이고, 다른 하나는 화성 너머에 있는 가스 행성이다. 가스 행성 내부에는 매우 단단한 핵이 든 액체 부분이 있고, 그 주위를 짙은 가스 대기가 에워싸고 있다.

별들이 우리 태양과 같은 질량이 되려면 1000만 년 정도가 걸린다.

5단계
행성들이 마주치는 물질 덩어리들을 집어삼켜 궤도를 청소했다.

> 목성이 가장 크기 때문에, 청소는 대부분 목성이 담당했을 것이다.

6단계
수억 년 뒤, 행성들은 안정된 궤도에 자리 잡았다. 오늘날 따르는 궤도와 동일한 궤도이다.
남겨진 물질 조각들은 화성과 목성 사이에 있는 소행성대나 훨씬 더 멀리 명왕성 너머에 있는 카이퍼 벨트에 놓이게 되었다.

우리 태양계 같은 태양계가 또 있을까?

- 수백 년 동안 천문학자들은 우주에 있는 다른 별들도 주위를 공전하는 행성들을 갖고 있지 않을까 생각해 왔다. 그러나 최초의 외계 행성은 1992년에 이르러서야 확인되었다. 이 행성은 어떤 무거운 별의 시체 주위를 돌고 있었다. 밝게 빛나는 실제의 별 주위를 도는 행성은 1995년에야 처음으로 발견되었다. 그 뒤로 400개가 넘는 외계 행성이 발견되었다. 그중 일부는 우리 태양과 매우 유사한 별의 주위를 돌고 있다!

> 외계 행성은 우리 태양이 아닌 다른 별의 주위를 공전하는 행성이다.

- 이런 발견은 시작에 불과하다. 우리 은하에 있는 별들 가운데 10퍼센트만이 행성을 가지고 있다 해도 은하수 안에만 2000억 개가 넘는 태양계가 존재할 것이다.

우리 태양계

- 이러한 태양계들 가운데에는 우리 태양계와 비슷한 것도 있고, 매우 달라 보이는 것도 있다. 예컨대 이중성계의 행성에서는 하늘에서 두 개의 태양이 뜨고 지는 것을 볼지도 모른다. 모성에서 행성까지의 거리, 별의 크기와 나이를 알면, 그러한 행성에서 생명체를 발견할 가능성이 얼마나 되는지 계산할 수 있다.

- 우리가 알고 있는 외계 행성 대부분은 거의 목성보다 크다. 그 정도로 큰 행성들이 작은 행성들보다 발견하기 쉽기 때문이다. 그러나 천문학자들은 이제 모성에서 지구만큼 적당한 거리를 두고 공전하는 더 작은 암석 행성들을 발견하기 시작했다.

- 2011년 초, NASA(미 항공 우주국)는 케플러 망원경을 통해 500광년 떨어진 어느 별의 주위에서 지구와 닮은 행성을 발견했다. 케플러 10-b라는 이 새로운 행성은 지구보다 1.4배밖에 크지 않은데, 최초로 확인된 암석 행성으로 지구와 닮은 행성으로 알려졌다. 이후 2015년 발견된 케플러 452-b 역시 크기와 궤도가 지구와 유사하고 온도와 환경이 지구와 매우 비슷한 것으로 알려져 있다. 현재도 계속해서 지구와 닮은 행성들이 발견되고 있다.

2장

"음, 내 생각에 프레디는 저 행성들 중에 어디에서도 못 살 것 같은데."

코스모스가 태양계에서 돼지가 살 만한 곳이라고 찾아 준 결과를 애니와 함께 훑어본 뒤 조지가 뿌루퉁하게 말했다.

"수성에서는 펄펄 끓어 버릴 테고, 해왕성에서는 세찬 바람에 날아갈 테고, 목성에서는 독성 가스층에 가라앉고 말 테니까. 녀석은 농장으로 다시 돌아오고 싶어 할지도 몰라."

"지구 말고는……. 우리 태양계에서 생명체가 살 만한 행성은 지구밖에 없구나."

애니가 중얼거리며 코를 잔뜩 찡그렸다. 그건 열심히 생각하고 있나는 뜻이있다.

"우리 아빠가 인류가 살 만한 새로운 장소를 찾고 있다는 건 알지? 지구에서 사람이 못 살게 될 경우를 생각해서 말이야."

우리 행성이 직면한 문제들

소행성 공격!

 소행성은 46억 년 전에 태양계가 만들어지고 남은 암석 조각이다. 과학자들은 우리 태양계 안에 수백만 개의 소행성이 있을 거라고 추산한다.

소행성의 크기는 보통 지름이 수 미터 되는 작은 것에서부터 지름이 수백 킬로미터에 이르는 것까지 다양하다.

 가끔 소행성이 궤도에서 밀려나(예컨대 가까운 행성들의 중력 때문에) 지구와 충돌할 수 있는 경로로 들어오기도 한다.

 일 년에 한 번 정도, 소형 승합차쯤 되는 크기의 돌덩어리가 지구 대기와 충돌한다. 그러나 지구 표면에 도달하기 전에 이미 타 버린다.

수천 년에 한 번씩 놀이터 크기만 한 암석 덩어리가 지구와 충돌하고, 수백만 년마다 지구는 문명을 위협받을 정도로 큰 우주 물체(소행성이나 혜성)와 충돌한다.

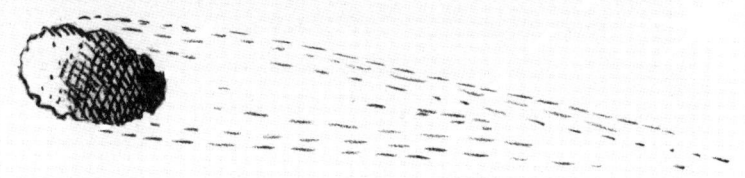

 만약 소행성이나 혜성(태양 주위로 다가오는 암석 얼음 덩어리)이 지구 표면과 충돌한다면 엄청난 화산 폭발을 일으킬 수도 있다. 그 충격에서는 아무것도 살아남지 못할 것이다.

유성체(meteoroid)는 태양계를 떠돌아다니는 암석 덩어리를, 운석(meteorite)은 지구에 착륙한 암석 조각을 일컫는다.

6500만 년 전, 소행성 하나가 지구와 충돌했다. 이 충돌 때문에 공룡이 전멸했을 가능성도 있다. 충돌의 충격으로 미세한 먼지구름이 올라가 햇빛을 가려, 공룡을 비롯한 많은 종이 멸종했을 것이다.

우리 행성이 직면한 문제들

감마선 폭발…… 게임 끝!

 우리는 우주에서 오는 감마선 때문에 색다른 멸종 위협에 직면해 있다.

 매우 무거운 별들은 수명이 다하여 폭발할 때, 우주로 뜨거운 먼지와 가스를 팽창하는 구름의 형태로 날려 보낼 뿐만 아니라, 등대에서 나오는 빛줄기 같은 형태로 치명적인 쌍둥이 감마선 줄기를 뿜어내기도 한다. 만약 그러한 빛줄기가 지나는 통로에 지구가 놓이게 되거나, 감마선 폭발이 꽤 가까운 곳에서 일어난다면, 그 빛줄기가 우리의 대기를 흩어 놓아 갈색 질소 구름이 하늘을 가득 채우게 될 것이다.

 그러한 감마선 폭발은 드물다. 실질적인 피해를 입으려면, 폭발이 수천 광년 이내에 일어나야 할 뿐더러, 빛줄기가 우리와 정면으로 충돌해야만 한다. 따라서 이 문제를 상세히 연구해 온 천문학자들은 그다지 걱정하지 않는다!

자기 파괴!

⭐ 우리는 소행성이나 감마선의 영향 없이도 이미 우리 행성에 많은 피해를 입혔다.

⭐ 지구는 심한 오염으로 몸살을 앓고 있다.

> 지구는 70억이 넘는 사람들의 보금자리이다.

⭐ 인구가 점점 는다는 것은 더 많은 식량을 재배하기 위해 지구의 천연자원을 무리하게 써야 하고, 지구 대기 속으로 훨씬 더 많은 가스를 내보내야 함을 뜻한다. 기후 변화에 대해서는 그동안 많은 논쟁이 있었다. 그러나 과학자들은 이 행성에 온난화가 일어나고 있으며, 인간 활동 때문에 이 변화가 생겼다는 사실을 확실히 이해하고 있다. 그들은 이런 변화가 계속되리라 예상한다. 이 말은 세계가 점점 더 뜨거워져서, 어떤 지역에서는 폭우가 발생하고, 어떤 지역에서는 가뭄이 생겨 고생하리라는 것을 뜻한다. 또한 해수면이 상승하여, 해안에 사는 사람들의 삶이 매우 어려워질 것으로 예상된다.

⭐ 지구에 사는 사람들은 점점 더 많아지는 반면, 다른 종들은 점점 더 줄어들고 있다. 다른 동물들의 멸종 문제는 갈수록 심각해져서, 종 전체가 지구에서 사라지기에 이르렀다. 하나뿐인 아름다운 지구를 이제 조금 알게 되자마자 파괴하고 있다는 사실은 정말로 안타까운 일이다.

> 세계적으로 모든 포유동물의 4분의 1과 모든 양서류의 3분의 1 정도가 멸종 위기에 처해 있다.

"거대한 혜성과 충돌하거나 지구 온난화가 확산될 경우를 생각해서 말이지? 만약 화산 폭발이 일어나거나 지구가 거대하고 메마른 사막으로 변한다면, 우리는 이 행성에서 살 수 없게 되겠지."

조지는 인류가 자기 부모님 같은 생태 환경 운동가들의 말을 귀담아듣지 않으면, 지구에 얼마나 끔찍한 일들이 일어날지 잘 알고 있었다.

"바로 그거야! 우리 아빠는 인류가 새로운 집을 찾아야 한다고 말씀하셔. 프레디처럼 말이야. 돼지한테도 사람들과 거의 똑같은 환경 조건이 필요하니까 우주에서 인간이 살 만한 장소를 찾을 수 있다면, 프레디도 그곳에서 잘 지낼 수 있을 거야."

"그러니까 인간이 살 수 있는 새로운 집을 코스모스가 찾기만 하면 프레디를 그곳에 데려다줄 수 있단 말이지?"

"바로 그거야!"

애니가 신이 나서 말했다.

"그리고 우리가 녀석을 가끔 보러 갈 수도 있으니까 녀석은 다시는 외롭지도 슬프지도 않을 거야."

조지와 애니 모두 갑자기 조용해졌다. 문득 자신들의 계획이 그다지 완벽하지 않다는 것을 깨달았다.

"우리가 우주에서 프레디에게 꼭 맞는 장소를 찾는 데 얼마나 오래 걸릴까?"

마침내 조지가 물었다.

"너희 아빠도 우주에 인간들이 살 수 있을 만한 장소를 계속 찾고 있지만 아직도 적당한 장소를 찾지 못하셨잖아."

"그건 그래."

애니가 풀 죽은 목소리로 시인했다.

"그러니까 지금 당장은 우리 집에서 가까운 곳에 프레디가 머물 만한 곳을 찾는 게 좋을 거야."

"지구에 있는 곳이면 어디라도 괜찮을 거야."

조지도 동의했다.

"하지만 우주든 지구든 녀석을 새로운 집으로 어떻게 데려가지? 커다란 돼지를 어떻게 실어 날라야 할까?"

"바로 그래서 내 계획이 기발하다는 거야!"

애니가 거드름을 피우며 큰 소리로 말했다.

"바로 코스모스를 이용하는 거지. 코스모스는 우리를 광대한 우주로 보낼 수도 있는데, 돼지 한 마리를 지구 여기저기로 보내는 건 누워서 떡 먹기일 거야. 코스모스, 내 말이 맞지?"

애니가 다그쳐 물었다.

"애니, 네 말이 맞아."

코스모스가 똑 부러지게 말했다.

"나는 굉장히 똑똑하고 영리해서 네가 말한 어떤 일도 해낼 수 있어."

"하지만 코스모스가 그렇게 해도 될까? 우리가 코스모스를 이용해서 돼지를 옮긴 걸 너희 아빠가 알게 되면 엄청 화를 내시지 않을까?"

"너희가 내게 명령을 내리지 않는 한, 우리가 돼지의 모험을 감행했다는 사실을 에릭 박사님한테 알릴 이유는 없지."

코스모스가 익살맞게 말했다.

"봤지? 우리가 코스모스한테 프레디를 안전한 곳으로 데려가 달라고 부탁하면, 코스모스는 시키는 대로 할 거야."

"흠."

조지는 여전히 의심스러운 표정이었다. 전에 코스모스가 고른 목적지로 우주여행을 한 적이 있지만, 슈퍼컴퓨터가 언제나 일을 제대로 한다는 확신은 들지 않았다. 따라서 프레디를 코스모스가 만들어 낸 우주의 문으로 보냈는데, 녀석이 소시지 공장이나 엠파이어 스테이트 빌딩 꼭대기, 혹은 외로운 건 말할 것도 없고 너무 뜨거워서 살 수 없는 외딴 열대 섬으로 갈까 봐 은근히 걱정이 되었다.

"코스모스, 혹시 프레디를 보내기 전에 녀석이 가게 될 곳을 보여 줄 수 있니? 녀석한테 영원한 보금자리를 찾아 주기 전까지는, 우리가 언제라도 갈 수 있는 가까운 곳이어야 해. 우리가 언제까지고 너한테 부탁할 수는 없는 노릇이잖아. 그랬다간 결국 꼬리를 잡히고 말 테니까 말이야."

조지가 예의 바르게 말했다.

"당신의 요청을 처리하는 중입니다."

코스모스가 기계음으로 대답했다. 애니네 가족이 미국에서 돌아왔을 때, 코스모스는 큰 손상을 입었었다. 에릭이 용케 코스모스를 고친 뒤 녀석은 사용자에게 훨씬 더 호의적인 태도를 보이는 컴퓨터로 바뀌었다.

코스모스의 회로들이 잠시 달가닥거리더니 어떤 영상이 나타났다. 이 영상은 에릭의 서재에서 허공 한복판에 붕 떠올랐는데, 가느다란 빛줄기 두 개로 코스모스와 연결되어 있었다.

"지도네! 저건 꼭…… 잠깐만! 폭스브리지잖아!"

조지가 놀라서 말했다.

"맞아. 이건 폭스브리지의 3차원 모습이야. 구글이 할 수 있는 거라면 난 더 잘할 수 있지."

코스모스가 헛기침을 했다.

"와, 정말 멋진걸!"

애니가 탄성을 질렀다. 오래되고 널리 알려진 폭스브리지 대학

마을의 특징이 모두 코스모스의 지도 속에 상세히 드러나 있었다. 오래된 탑과 성벽과 뾰족탑, 대학의 안뜰을 둘러싼 건물 하나하나가 완벽하게 표현되어 있었다.

안뜰 가운데 한 구석에서 작은 불빛 하나가 붉은색으로 반짝이고 있었다.

"저기는 우리 아빠가 다니는 대학이잖아! 저기 불빛이 반짝이는 곳 말이야. 그런데 왜 우리 아빠네 대학을 보여 주는 거니?"

애니가 놀라서 소리쳤다.

"내 데이터에 따르면, 돼지들은 공기가 맑고 햇빛이 잘 드는 조용하고 어두운 공간을 좋아한다고 해."

코스모스가 설명했다.

"표시된 곳은 오래된 탑의 지하에 있는 텅 빈 포도주 저장실이야. 저장실에는 환기 시설이 있어서 공기가 깨끗해. 게다가 천장에는 작은 채광창까지 있지. 몇 년 동안 아무도 저장실을 사용하지 않았어. 그러니까 농장에서 밀짚만 조금 가져오면 네 돼지가 안전하고 편안하게 지낼 수 있을 거야."

"확실해? 녀석이 답답해하지 않을까?"

조지가 의심쩍은 듯 물었다.

"한동안은 더할 나위 없이 평온하고 조용하게 지낼 수 있을 거야. 네 돼지가 영원히 머물 만한 곳을 찾을 때까지 임시로 지내기에는 그만이지."

코스모스가 자신 있게 대답했다.

"당장 프레디를 농장에서 빼내 와야겠어! 당장 말이야! 프레디는 힘든 시간을 보내고 있어. 녀석을 당장 구해 줘야 한다고!"

애니가 외쳤다.

"포도주 저장실 내부도 볼 수 있을까?"

조지가 침착하게 물었다.

"물론이지. 내 정보를 확인할 수 있도록 저장실에 작은 창문을 만들어 줄게."

코스모스가 대답했다.

코스모스가 우주의 창을 만들 때처럼, 지도가 스르르 사라진

자리에 사각형 모양의 빛이 나타났다. 코스모스는 우주의 무언가를 보여 줄 때 안이 들여다보이는 작은 창문을 그려 주곤 했다. 우주여행을 할 때에는 코스모스가 문을 만들어 주었다. 조지와 애니는 그 문을 통해 여러 번 우주여행을 했었다.

"정말 신난다! 왜 진작 코스모스를 이용해서 지구 여행을 할 생각을 하지 못했을까?"

기다리는 동안 애니가 탄성을 질렀다.

사각형이 어두워졌다. 조지와 애니는 사각형을 뚫어져라 들여다보았다.

"코스모스, 아무것도 보이지 않아."

조지가 말했다.

"저장실에 햇빛이 잘 들 거라고 했잖아. 프레디가 감옥에 갇혀 있다고 생각하길 바라지 않는단 말이야!"

코스모스는 혼란스러운 듯했다.

"이상하군. 좌표를 확인해 봤는데, 위치는 정확해. 어쩌면 창문이 가려져 있는지도 모르지."

"어? 어두운 형체들이 움직이고 있어!"

애니가 속삭였다.

창문 너머로, 어두운 형체들이 이리저리 움직이는 듯이 보였다.

"잘 들어 봐! 목소리가 들려."

애니가 나직이 말했다.

"그럴 리가 없어. 내 데이터에 따르면 포도주 저장실은 아무도 쓰지 않는 곳이야."

코스모스가 어리둥절해서 말했다.

"그러면 저 사람들은 다들 저기서 뭘 하는 거지?"

애니가 힘없는 목소리로 물었다.

"저것 좀 봐!"

조지가 창문을 뚫어지게 쳐다보니, 애니 말이 맞았다. 조지와 애니가 보고 있는 그곳은 빛이 전혀 들어오지 않는 캄캄한 방이 아니었다. 저장실에는 검은 옷을 입은 사람들이 모여 있었다. 조지는 사람들의 어깨와 등만 분간이 갔다. 사람들은 조지와 애니한테 등을 보이고 서 있는 듯했다.

"저 사람들도 우리가 보일까?"

애니가 속삭였다.

"저들이 돌아선다면 창이 보일 거야."

코스모스가 저장실을 살짝 훑어본 뒤 말

했다.

"논리적으로 맞지 않고, 가능성도 없고, 이유도 전혀 모르겠지만, 포도주 저장실에 사람들이 가득 차 있는 것 같아."

"살아 있는 사람들이야, 죽은 사람들이야?"

애니가 겁에 질린 목소리로 물었다.

"숨도 쉬고 제대로 기능하는 사람들이야."

코스모스가 대답했다.

"저들은 대체 저기서 뭘 하고 있는 거지?"

"저 사람들은……."

"돌아서고 있어."

조지가 놀라서 말을 잘랐다.

"코스모스, 창을 닫아!"

코스모스가 재빨리 창을 닫은 덕분에, 저장실에 있던 어느 누구도 작은 섬광을 알아채지 못했다. 설사 섬광을 봤다 해도, 당황한 두 아이와 흥분한 슈퍼컴퓨터가 폭스브리지 외곽 어딘가에 있는 평범한 집에서 자신들의 비밀 모임을 목격했다는 사실은 짐작도 못할 것이다.

애니와 조지가 충격으로 꼼짝 않고 앉아 있는 방으로 포도주 저장실에서 누군가 말하는 목소리가 고스란히 흘러들었다.

"모두 가짜 진공을 찬양하라! 생명과 에너지와 빛을 가져오는 가짜 진공을!"

코스모스는 누가 보기 전에 급히 창을 닫으면서, 화면만 닫고 오디오 창은 닫지 않았다. 그래서 저장실에서 일어나는 일을 보지는 못해도, 소리는 들을 수 있었다.

애니와 조지는 숨도 제대로 쉬지 못하고 쥐 죽은 듯이 조용히 있었다. 잠시 뒤, 마치 무시무시한 라디오 프로그램이 들리는 것처럼 말소리가 이어졌다.

"지금은 위험한 시기입니다! 이제 며칠 뒤면 우주 파괴의 거품이 우주를 갈가리 찢어 놓을지도 모릅니다. 거대 강입자 충돌기(우주 탄생 직후 상황인 빅뱅을 재현하여 우주 탄생의 비밀을 알아내기 위한 실험 장치)를 연구하는 사악한 과학자들이 곧 새로운 고에너지 실험을 시작할 것입니다. 지난번에는 저들이 그 충돌기 사용하는 것을 막지 못했습니다. 이번에는 상황이 훨씬 더 심각합니다. 어리석은 미치광이들이 그 충돌기의 스위치를 켜는 순간, 전 우주의 파멸은 막을 수 없을 것입니다! 이제 거대 강입자 충돌기의 작업이 다음 단계로 넘어가려고 합니다. 그 계획으로 우리의 노력이 모두 물거품이 될 수도 있습니다."

이 말에 저장실에 모인 사람들이 우우 하고 야유를 보내는 소리가 들렸다.

"조용히 하십시오!"

목소리가 다시 들렸다.

"우리의 저명한 과학 전문가께서 설명해 드릴 것입니다."

새로운 목소리가 말했다. 이번에는 더 나이 들고, 부드럽게 들리는 목소리였다.

"이 위험한 미치광이들을 지휘하고 있는 사람은 폭스브리지 대학의 과학자, 에릭 벨리스입니다."

애니가 놀라서 빽 비명이 터져 나오려는 것을 얼른 한 손으로 입을 막았다. 에릭 벨리스는 바로 애니의 아빠였다!

"에릭 벨리스는 거대 강입자 충돌기에 있는 아틀라스 검출기를 이용하는 고에너지 충돌 실험을 지휘하고 있습니다. 그 충돌기가 이제 막 가장 위험한 단계로 진입하려고 합니다. 만약 벨리스가 충돌 에너지를 얻는다면, 진짜 진공 조각이 만들어져 우주가 저절로 붕괴될 가능성이 큽니다. 만약 거대 강입자 충돌기의 입자 충돌에서 진짜 진공이 아주 작은 거품만큼이라도 만들어진다면, 그 거품이 광속으로 팽창하여 가짜 진공을 대체하고, 모든 물질을 제거해 버릴 것입니다! 지구상의 모든 원자들이 순식간에 사라질 것이며, 여덟 시간 안에 태양계가 흔적도 없이 사라질 것입니다. 물론 그게 끝이 아닙니다……."

코스모스가 연결 상태를 유지하느라 안간힘을 쓰는 사이에, 포도주 저장실에서 들리던 목소리가 희미해져 갔다.

"그 거품은 계속해서 영원히 팽창할 것입니다."

위협적으로 속삭이는 목소리가 계속 이어졌다.

"벨리스는 전 우주의 파괴라는 끔찍한 일을 저지르고 말 것입니다!"

마지막 말만 아련히 허공에 떠돌 뿐, 더는 목소리가 들리지 않았다.

조지와 코스모스, 애니는 너무도 놀라서 한동안 말을 잃고 얼어붙은 듯 조용히 있었다. 코스모스가 먼저 정신을 차렸다.

코스모스의 스크린에서 커다란 붉은 글자가 몇 차례 번득였다.

"프레디를 저곳에 보내면 안 되겠어!"

애니도 멍한 표정으로 동의했다.

"프레디를 저런 섬뜩한 사람들과 함께 둘 수는 없어! 더군다나 우리 아빠한테 무례하게 구는 사람들과는 말이야!"

조지가 침을 꿀꺽 삼켰다. 검은 옷을 입은 저 사람들이 하고 있는 말이 대체 무슨 뜻일까?

"코스모스, 애니."

조지가 다급하게 말했다.

"저 사람들은 대체 누굴까?"

3장

"누가 누구라는 거니?"

에릭이 서재 문을 밀고 들어오면서 물었다. 한 손에는 김이 모락모락 피어오르는 찻잔을 들고, 한쪽 겨드랑이에는 과학 논문들을 잔뜩 끼고 있었다.

"안녕, 애들아! 방학의 마지막 날은 잘 보내고 있니?"

에릭이 유쾌하게 인사하자 애니와 조지가 멍하니 바라보았다.

"이런! '아니'라는 뜻으로 받아들여야 하나? 뭐가 잘못되었니?"

에릭은 두 아이에게 미소를 지었다. 요즘 에릭의 얼굴에서는 미소가 떠나지 않았다. 만약 조지가 지금의 에릭을 묘사한다면, '믿을 수 없을 정도로 행복하다.'거나 '믿을 수 없을 정도로 바쁘다.'라는 표현이 딱 맞을 것이다. 사실 에릭은 바쁠수록 행복해 보였다. 그는 미국에 있는 동안 화성에서 생명의 흔적을 찾으려는 우주 임무에 몰두해 있다가 돌아온 후로, 늘 바쁘게 보내는 듯했고 늘 즐기고 있는 듯이 보였다. 에릭은 가족과 함께 집에 있을 때도 행복해했고, 폭스브리지 대학교의 수학 교수라는 새로운 직업도 매우 만족스러워했다. 또한 스위스에 있는 거대 강입자 충돌기에서 진행되고 있는 대형 실험에 대해서도 잔뜩 들떠 있었다.

거대 강입자 충돌기 프로젝트는 수백 년 전에 과학자들이 시작한 연구를 뒤잇는 실험이었다. 이 연구의 목적은 세상이 무엇으로 만들어졌는지, 작은 기본 조각들이 어떻게 결합되어 우주의 내용물을 만드는지 알아내는 데 있었다. 이것을 알아내기 위해서 에릭과 다른 과학자들은, 우주에 관한 모든 것을 이해하게 해 줄 이론을 찾으려고 애쓰고 있었다. 그들은 그 이론을 '모든 것의 이론(Theory of Everything)'이라고 불렀다. 만약 그런 이론을 찾아내기만 한다면, 과학자들은 우주의 시작뿐만 아니라 우리가 살고 있는 우주가 어떻게 그리고 왜 생겨났는지도 이해하게 될 것이다.

모든 것의 이론

인류 탄생 이래 사람들은 주위에 보이는 놀라운 것들을 이해하려고 애쓰며, 이 물체들은 무엇일까, 왜 저렇게 움직이고 변할까, 늘 존재해 왔을까, 우리가 왜 여기에 존재하는지 어떻게 설명할까 하는 의문을 가졌다. 하지만 과학적 대답을 찾기 시작한 것은 불과 지난 수 세기 동안의 일이다.

고전 이론

1687년, 아이작 뉴턴은 힘이 물체의 운동 방식을 어떻게 변화시키는지 설명하는 운동의 법칙(Laws of Motion)과, 우주의 모든 물체가 중력이라는 힘으로 서로 끌어당긴다고 하는 만유인력의 법칙(Law of Universal Gravitation)이 담긴 책을 출간했다. 이 힘은 우리가 지구 표면에 붙어 있고 지구가 태양을 공전하는 이유이며, 행성과 별들의 생성 방식이기도 하다. 행성과 별과 은하들의 세계에서는 중력이 우주의 대규모 구조를 통제하는 설계사이다. 위성을 궤도에 올리고 우주선을 다른 행성에 보내는 데는 여전히 뉴턴의 법칙들이 유용하다. 그러나 물체들이 더 빠르고 매우 무거울 때는 더 현대적인 고전 이론인 아인슈타인의 상대성 이론이 필요하다.

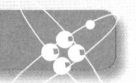

뉴턴의 법칙

☀ 운동의 법칙

1. 모든 물체는 외부 힘이 작용하지 않는 한, 계속 정지해 있거나 일정한 속도로 직선 운동을 한다.

2. 어떤 물체의 운동량 변화율은 힘에 비례하고, 힘의 방향과 같다.

3. 만약 물체 A가 물체 B에 어떤 힘을 가하면, 물체 B는 물체 A에 크기는 같지만 방향은 반대인 힘을 가한다.

☀ 만유인력의 법칙

우주의 질량을 가진 모든 물체는 두 물체를 연결하는 직선을 따라, 두 물체의 질량의 곱에 비례하고 두 물체 사이의 거리의 제곱에 반비례하는 힘으로 모든 다른 입자를 끌어당긴다.

모든 것의 이론

양자 이론

고전 이론은 은하처럼 큰 물체나 자동차, 심지어 박테리아 같은 물체에도 적용된다. 그러나 원자가 어떻게 작용하는지 설명하지 못한다. 사실 이 이론은 원자들이 존재할 수 없다고 말한다! 20세기 초에 물리학자들은 원자나 전자 같은 매우 작은 물체들의 특성을 설명할 완전히 새로운 이론을 세워야 함을 깨달았다. 이것이 바로 양자 이론이다. 기본 입자와 힘에 대해서 우리가 현재 알고 있는 지식을 요약하는 형태는 '표준 모형'으로 알려져 있다. 이 모형은 쿼크와 렙톤(물질의 성분 입자들), 힘 입자(글루온, 광자, W와 Z), 그리고 힉스(다른 입자들의 질량 부분을 설명하는 데 필요한 입자로, 2012년 실험에서 그 존재가 밝혀졌다.)를 갖고 있다. 많은 과학자들은 이것이 너무 복잡하다고 생각하며, 더 간단한 모형이기를 바란다. 또한 천문학자들이 발견한 암흑 물질은 어디에 있을까? 그리고 중력은 어떤가? 중력의 힘 입자는 중력자(graviton)라고 불리지만, 중력이 아주 다르기 때문에 표준 모형에 추가하기가 어렵다. 그것은 시공의 모양을 바꾼다.

도전 - 모든 것의 이론

모든 힘과 모든 입자를 설명하는 이론(모든 것의 이론)은 우리가 과거에 보아 온 것과는 아주 달라 보일 것이다. 왜냐하면 중력뿐만 아니라 시공도 설명해야 하기 때문이다. 그러나 만약 그런 이론이 존재한다면, 블랙홀의 중심과 빅뱅과 우주의 미래를 포함하는 전 우주의 물리적 작용을 설명해 줄 것이다. 그런 이론을 찾는다면 대단한 업적이 될 것이다.

거대 강입자 충돌기가 발견한 새로운 결과들 덕분에, 이런 놀라운 가능성이 눈앞에 다가와 있었다. 그러니 에릭의 기분이 좋은 것은 당연했다. 사실 아이들이 코스모스를 사용해서는 안 되는데도 그냥 눈감아 줄 정도로 기분이 좋았다.

"너희가 내 컴퓨터를 사용하고 있을 줄 알았지!"

에릭이 한쪽 눈썹을 추켜세우고 말하긴 했지만 화나 보이지는 않았다.

"설마 자판 사이에 딸기 잼을 떨어뜨리지는 않았겠지."

에릭이 허리를 굽히고 코스모스를 살펴보며 온화하게 말했다.

"우주에서 돼지가 살기에 가장 좋은 곳은 어디일까?"

에릭이 스크린에 적힌 글을 읽었다.

"아하! 이제야 알겠군."

에릭의 얼굴이 밝아지며 애니의 머리카락을 헝클어뜨렸다.

"네 엄마가 그러는데, 너희가 프레디를 걱정하고 있다더구나."

"저희는 녀석을 데려갈 만한 다른 곳을 찾고 있었어요."

애니가 말했다.

"그래서 어디를 찾았니?"

애니의 아빠가 낡아 빠진 회전의자를 끌어당겨 애니와 조지 사이에 앉으며 물었다. 아이들은 아직도 눈을 동그랗게 뜬 채 코스모스의 스크린을 빤히 바라보고 있었다.

"음…… 글쎄요, 코스모스가 태양계를 둘러보았지만 아무 데도 찾지 못했어요."

조지가 시무룩하게 대답했다.

"그랬겠지. 금성에 있는 프레디 모습은 상상도 할 수 없지."

에릭이 중얼거렸다.

"그래서 프레디를 사람이 살기에 알맞은 행성으로 데려갈까 생각했지만, 아직은 아무것도 찾지 못했어요."

조지가 걱정스럽게 말했다.

"그래서 폭스브리지에 녀석을 둘 만한 곳이 없나 하고 살펴보았어요. 며칠 동안 저희 집 근처에 프레디를 머물게 할 만한 곳이 있나 싶어서요."

애니가 불쑥 이렇게 말했다.

"그러다 어떤 지하실에서 끔찍한 사람들을 발견했는데, 아빠가 거대 강입자 충돌기에서 하는 실험으로 우주를 파괴시킬 거라고 말했어요!"

에릭은 표정이 순식간에 돌변하더니, 버럭 소리를 질렀다.

"코스모스! 대체 무슨 짓을 하고 있었니?"

"나는 그저 도와주려고 애썼을 뿐이에요."

코스모스가 기어들어 가는 목소리로 말했다.

"어린아이들한테 저 멍청이들이 하는 말을 엿듣게 하다니. 대체 생각이 있는 거야, 없는 거야?"

이제 에릭은 그렇게 행복해 보이지 않았다.

우주 속 우리의 집

하나밖에 없는 달 그리고 아름다운 지구.

우주 속 우리의 집

Stephen Clark/Spaceflightnow.com

우주 왕복선이 이륙 준비를 하는 사이 유성이 지구 위로 질주해,
우리가 탐험하려고 하는 우주의 크기를 상기시킨다.

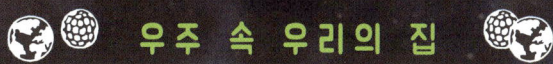# 우주 속 우리의 집

우주 속 우리의 집

지고 있는 하현달과 얇은 선처럼 보이는 지구 대기.
국제 우주 정거장에서 찍은 사진.

월면차를 타고
달 표면을 탐사하고 있다.

 우주 속 우리의 집

태양.

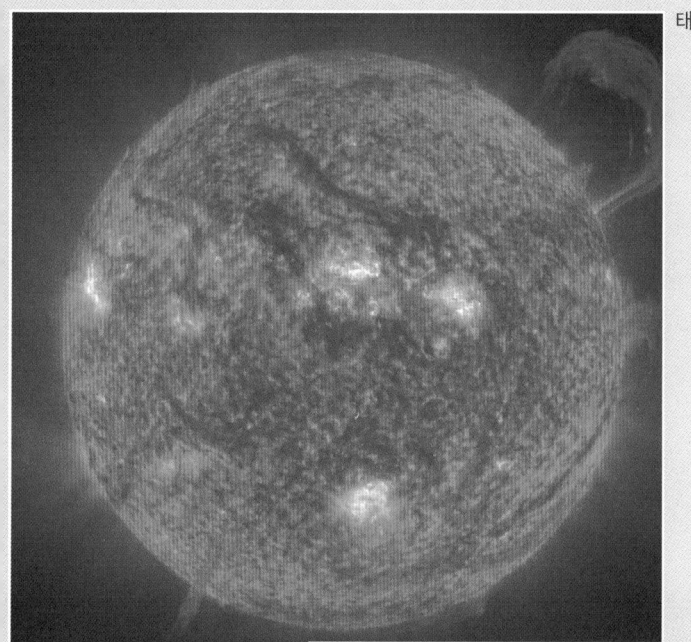

쌍둥이 탐사선이
태양의 뒷모습을 탐지했다.
앞면과 뒷면 모두!
이 놀라운 합성 사진은
2011년 2월에 만들어졌다.

# 우주 속 우리의 집

아프리카 에티오피아의 시미엔 산맥.

우주 속 우리의 집

남아프리카 니카라과의
코시구이나 화산.

2010년 8월의 허리케인 다니엘.

우주 속 우리의 집

미국 콜로라도의 그레이트샌드듄(대사구) 국립 공원.

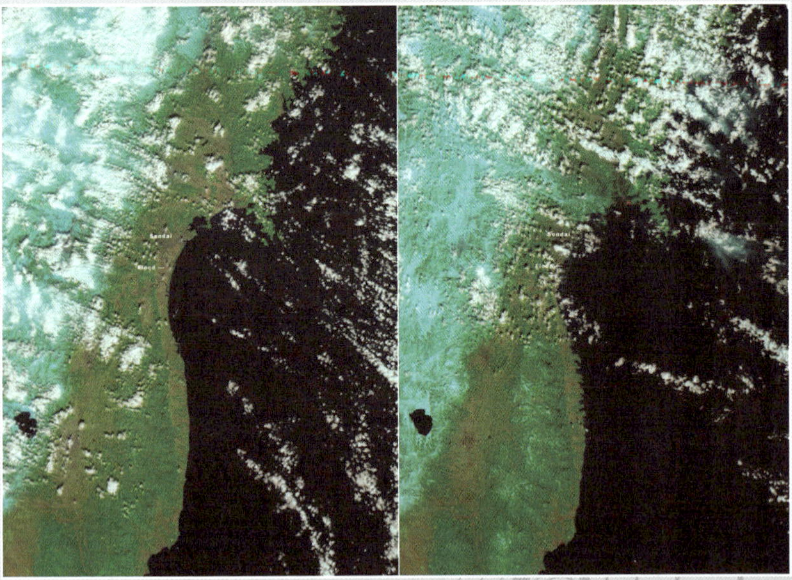

2011년 3월에 일본에서 발생한 쓰나미와 지진이 낳은 무서운 결과.

"그 사람들은 아저씨가 가짜 진공을 파괴시킬 거라고 말했어요……."

조지가 천천히 말했다.

"그리고 그 때문에 우주를 사라지게 만들 거라고요. 이게 사실인가요?"

"아니야! 아니고말고! 그건 터무니없는 이론이야."

에릭이 화를 내며 말했다.

"그 사람들 말은 신경 쓰지 마라! 그저 우리가 스위스의 대형 실험실에서 하는 일이 못마땅해서 사람들한테 겁을 주려는 것뿐이야."

"하지만 그들은 아빠가 다니는 대학에 있었어요!"

애니가 거친 목소리로 말했다.

"대학에 있는 게 뭐. 그자들은 어디에도 있을 수 있어. 대학에 있다고 해서 그들이 더 믿을 만한 존재가 되는 건 아냐."

에릭이 경멸하듯이 말했다.

"그러면 아빠는 그자들이 누구인지 아세요?"

"나도 상세히 알지는 못한단다."

에릭이 시인했다.

"비밀 조직이기 때문에 그들은 정체를 숨겨 왔지. 그저 '모든 것의 이론이 중력의 추가를 방해한다(Theory of Everything Resists Addition of Gravity).'라고 주장한다는 것만 알아."

"모든 것의 이론이 중력의 추가를 방해한다……."

애니가 되풀이해 말했다.

"앞 글자만 따면 T-O-E-R-A-G네요. 그럼 토래그(TOERAG), 즉 부랑자라는 뜻이 돼요! 이게 정말 그 조직의 이름이에요?"

에릭이 큰 소리로 웃었다.

"정말 딱 맞췄구나! 우리는 그들을 토래그라고 부른단다. 그자들은 진짜 부랑자의 무리니까 말이야."

"그들이 원하는 게 뭐죠?"

"작년에 토래그는 우리가 충돌기를 폐기하기를 원했단다. 우리가 그 실험을 시작하면 블랙홀을 만들게 될 거라고 하더구나. 하지만 우리는 그들을 무시하고 충돌기를 작동시켰지. 우리 모두가 여기에 멀쩡하게 살아 있으니, 블랙홀이 세상을 집어삼키지 않았다는 걸 입증한 셈이지. 그 뒤로는 그자들도 포기할 거라고 생각했어. 그런데 이제는 터무니없이 '진공' 어쩌구 하는 이야기로 물고 늘어지면서, 다음 실험을 시작하지 못하게 막고 있어. 다음 실험은 에너지를 전보다 훨씬 더 많이 사용해야 해."

"이유가 뭐예요? 그자들은 왜 계속해서 터무니없는 이론들을 만들어 내는 거죠?"

조지가 물었다.

"우리가 성공하기를 바라지 않기 때문이지."

에릭이 설명했다.

"우리의 목적은 우주를 가장 심오한 수준으로 이해하는 거란다. 우리는 우주가 어떻게 움직이는가 말고도 왜 그렇게 움직이는지도 알아야 해. 왜 '무(nothing)'가 아니라 '무언가(something)'가 있을까? 왜 우리가 존재할까? 왜 특별한 몇몇 법칙이 우주를 지배할까? 이것이 생명체와 우주를 비롯한 모든 것의 궁극적인 물음이란다. 그리고 일부 사람들은 우리가 그 답을 알아내기를 바라지 않는 것뿐이야."

"그러니까 '파괴의 거품'이니 뭐니 하는 게 정말로 터무니없는 말이라는 거죠?"

조지는 확실히 하기 위해 또다시 확인했다.

"완전히 새빨간 거짓말이지!"

에릭이 단호하게 말했다.

"하지만……."

에릭은 이맛살을 살짝 찌푸렸다.

"그럼에도 불구하고, 갈수록 더 많은 사람들이 토래그가 하는 말을 믿는 것 같아. 그래서 우리는 토래그가 비열한 방식을 쓸 경우를 생각해서 새로운 실험 계획을 변경했단다."

"그 실험은 언제 시작해요?"

조지가 물었다.

"실험은 이미 시작됐어! 충돌기는 켜져 있고, 검출기들은 작동 중이야. 심지어 몇 주 전에는 우리가 구상했던 광도까지 얻었지."

에릭이 슬프게 고개를 가로저었다.

"우리는 토래그의 개입을 막기 위해 최대한 조용히 진행하고 있단다. 저 멍청이들은…… 후유……. 자, 그런 이야기는 이제 그만하고, 실제 문제로 돌아가도록 하자꾸나. 프레디를 어디로 옮겨야 할까, 코스모스?"

코스모스가 앞선 실수를 만회하려고 얼른 스크린에 새로운 영상을 띄웠다. 숲이 우거진 평화로운 계곡 위로 해가 낮게 걸려 있고, 나뭇잎과 야생화가 바람에 부드럽게 흔들리고, 색깔도 화려한 나비들이 산울타리에 늘어선 관목 여기저기서 춤추는 아름다운 풍경이었다.

"여기라면 네 돼지가 잘 지낼 수 있을 거야."

코스모스가 조금 떨리는 소리로 말했다.

"조지, 저긴 어떠니? 괜찮아 보이니? 프레디가 저기에 산다면 행복하겠니?"

에릭이 조지와 애니에게 기분 좋게 물었다.

"네, 아름다워 보

이네요."

조지가 강요에 못 이겨 억지로 대답했다. 조지는 저기가 어디인지 묻고 싶었지만, 에릭이 굉장히 서두르는 눈치였고, 이미 다음 작업으로 넘어가 있었다.

"좋았어!"

에릭이 자판에 몇 가지 명령을 치면서 말했다.

"얘들아, 조금 복잡하긴 하지만 내가 이중문을 만들 수 있을 것 같구나."

그러고는 조지와 애니가 뭐라 말을 하기도 전에, 프레디가 있는 농장으로 들어가는 문을 코스모스가 열자마자 에릭이 돼지우리 속으로 뛰어들었다.

거대한 돼지 프레디는 난데없이 나타난 에릭을 보고 어찌나 놀랐던지, 코스모스가 만들어 놓은 또 다른 문으로 부드럽게 밀어 넣는데도 저항하지 않았다. 그러고는 스크린에 보이는 숲이 우거진 계곡으로 행복하게 걸어 들어갔다.

조지와 애니는 프레디를 열심히 쳐다보았다. 프레디는 농장에서 한 출입구로 사라졌다가 계곡에 다시 나타나서는, 신선한 시골 공기에 들떠서 삐죽한 코를 실룩거리며 생기 넘치는 눈빛을 하고 울창한 초원으로 내달렸다.

에릭은 뒤로 물러나 출입구를 재빨리 닫았다.

"프레디는 곧 돌아가서 살펴볼 테니까 걱정하지 마렴."

조지는 에릭의 코듀로이 바지에 묻은 희미한 지푸라기 하나를 발견했다.

"농장에도 뭔가 조치를 취하는 게 좋겠구나. 갑자기 돼지 한 마리가 사라진 걸 알고 당황하지 않도록 말이야."

에릭이 말했다.

"농장에는 뭐라고 말씀하실 거예요?"

애니가 물었다.

"잘 모르겠구나!"

에릭이 솔직히 시인했다.

"하지만 이 아빠가 누구니? 우주가 어떻게 무에서 생겨날 수 있었는지를 설명해 왔으니, 사라진 돼지를 설명하기도 어렵지 않을 거야."

"돼지 재배치 임무가 완료되었음. 돼지는 새로운 집에서 안전하고 행복함. 음식과 물, 안식처 모두 제공됨. 돼지에게 위험 요소는 없음."

코스모스가 스크린을 번득거렸다.

"그럼 이제 내가 일을 할 시간이구나."

에릭은 문제가 완전히 해결되었음을 의미하는 목소리로 단호하게 말했다.

"나는 대학 강연 준비를 해야 한단다. 그리고 너희 둘은 내일 아침에 학교에 갈 준비를 해야겠지."

조지와 애니는 어깨를 축 늘어뜨린 채, 마지못해 에릭의 서재에서 걸어 나왔다. 이것으로 여름 방학은 끝이었다. 애니는 긴 여름 방학 동안 밀어 두었던 모든 숙제를 하룻밤에 다 해치워야 했고, 조지는 이제 자신의 진짜 가족이 있는 집으로 돌아가야 할 시간이었다. 그는 새로운 학교를 가야 하는 전날 밤에, 쌍둥이 동생들이 줄기차게 울어 젖히지 않기를 바랐다.

애니가 한숨을 내쉬었다.

"안녕, 조지."

"안녕, 애니."

조지도 슬프게 말했다.

다음 날 아침이면 두 사람 모두 다른 학교에서 하루를 시작해야 했다. 애니는 사립 학교에 다니는 반면, 조지는 그 지역 공립 학교에 다니기 때문이었다.

"우리가 왜 중학교에 가야만 하지?"

둘 다 헤어지고 싶지 않아 뒷문에서 머뭇거리고 있을 때, 애니가 불쑥 말했다.

"우주 탐험 학교 같은 데 다니면 얼마나 좋을까? 그런 학교에 다닌다면 전교 1등은 문제없을 텐데! 다른 애들은 가까이서 토성의 고리를 본 적도 없을 테고, 타이탄에 있는 메탄 호수에 빠질 뻔한 일도 없을 텐데 말이야."

"또 하늘에서 두 개의 태양이 뜨는 것도 본 적이 없을 테고."

조지가 한때 실수로 방문한 적이 있는, 이중성계에 있던 뜨거운 행성을 떠올리면서 말했다.

"말도 안 돼. 우리는 평범하지 않은데 평범한 척해야 한다는 게 말이 되니?"

애니가 툴툴거렸다.

"애니!"

서재에서 에릭의 목소리가 들렸다.

"아빠는 다 들린다! 숙제를 하지 않는 사람은 우주여행을 할 자격도 없어! 너도 잘 알다시피 그게 규칙이야."

애니가 얼굴을 찡그렸다.

"잘 가."

애니가 조지에게 속삭였다.

"잘 있어."

조지는 이렇게 말하고 돌아서서 집으로 향했다.

4장

　새로운 학교에서 보낸 조지의 첫날은 긴 복도와 혼란스러운 시간표 속에서 흐릿하게 지나갔다.
　엉뚱한 교실에 앉아 엉뚱한 과목을 공부하고 있다는 생각이 계속해서 조지의 머릿속에 맴돌았다.
　이 거대한 학교는 시끄럽고 복잡하고 조금은 겁나기까지 한 곳이었다. 조지는 프레디가 조용하고 안전한 뒷마당 세계에서 살다가, 작고 분잡한 농장으로, 그다음에는 거대하고 두려운 새 농장으로 옮겨 갔을 때 이런 기분이지 않았을까 생각했다. 중학교에서 보낸 첫날, 초등학교에서는 자신만만했던 아이들조차 교실을 제대로 찾지 못해 거대한 미로 같은 건물을 이리저리 배회하다가 길을 잃고 진땀을 빼고 있는 듯이 보였다. 초등학교에서는 친구가 아니있다 해도 상관없었다. 낯설고 무섭고 성숙한 얼굴이 아니라 친근한 얼굴이 보이면 굉장히 큰 위안이 되었다. 심지어 큰 원한을 가진 원수 사이였다고 해도 언제 그랬냐는 듯 단짝 친구가 되었다.

학교는 집에 갈 시간이 되어서야 겨우 조금 적응이 되었다. 조지는 교문을 나섰다. 오래전 옛 학교에서 조지는 모든 아이들이 학교를 떠날 때까지 화장실에 숨어 있곤 했다. 수업이 끝나고 집으로 걸어가는 동안에 못살게 구는 아이들을 피하기 위해서였다.

하지만 그건 조지가 우주여행을 어떻게 하고, 우주의 굉장한 비밀들을 어떻게 푸는지 배우기 전의 얘기다. 애니와 친구가 되어 우리의 행성 주위에서 어떤 경이로운 일들이 일어나는지 알게 된 뒤로, 조지는 두려움을 느끼지 않았다. 먼 태양계에서 마주친 미치광이 과학자도 이겨 낸 자신이 아니던가. 그 뒤로는 두려울 게 없었다.

그러나 조지의 삶을 변화시킨 것은 우주여행만이 아니었다. 조지가 여행을 하며 얻게 된 지식도 두려움을 모르게 만들었다. 또 어려운 문제들을 스스로 해결해 나가면서, 이제는 어떤 일도 헤쳐 나갈 수 있다는 자신감까지 얻었다.

집으로 걸어가면서, 조지는 지난밤에 겪은 프레디의 모험과 에릭에 대해 생각했다. 어쩌면 애니 집에 들러서 에릭을 만나, 프레디를 보러 가도 되는지 물어볼 수 있을지도 몰랐다. 조지는 프레디가 실제로 어디에 있는지 묻지 않은 걸 후회했다. 계곡은 아름다워 보였지만, 자신의 돼지가 여전히 지구에 있는지 아니면 영리

한 코스모스가 녀석을 멀리 떨어진 다른 놀라운 장소로 보내 버렸는지 알지 못했다. 조지는 에릭이라면 프레디가 어디에 있는지 알고 있을 거라고 안심했지만, 자신도 알고 있다면 더 마음이 놓일 터였다.

  조지는 거실에 책가방을 휙 집어 던지고 안으로 곧장 달려 들어갔다. 엄마와 쌍둥이 동생들에게 인사를 하는 둥 마는 둥 하고는, 콩과 양배추가 들어간 머핀 하나를 집어 한입에 쑤셔 넣었다. (조지의 엄마는 마당에서 직접 재배한 채소로만 요리를 했다. 그리고 집에서 직접 키운 농산물들을 재료로 삼아 독특한 조리법으로 요리했다.)

조지는 곧바로 뒷문으로 나가, 한때 프레디가 살았던 뒷마당으로 달려 나갔다. 그리고는 애니네 뒷마당으로 통하는 울타리 구멍으로 뛰어들어 뒷문으로 힘껏 달려갔다. 조지가 문을 쾅쾅 두드렸지만 아무런 응답이 없었다. 조지는 문을 다시 두드렸다.

곧 문이 몇 센티미터쯤 빼꼼히 열렸다. 문틈으로 애니가 얼굴을 내밀었다. 애니는 새로운 초록색 교복을 입고 있었다.

"어, 조지구나!"

애니가 놀란 표정으로 말했다. 조지를 보는 게 전혀 반갑지 않다는 표정이었다.

"안녕, 애니. 오늘 학교는 어땠니? 우리 학교는 좀 이상했지만, 그래도 괜찮았던 것 같아."

조지가 유쾌하게 말했다.

"음, 나도 괜찮았어."

애니가 조용히 대답했다.

"그런데 웬일이야?"

조지는 깜짝 놀랐다. 그동안 하루가 멀다 하고 찾아왔지만, 애니가 왜 왔느냐고 물은 적은 한 번도 없었다.

"어, 응……."

조지가 당황해서 더듬거렸다.

"프레디가 있는 곳을 너희 아빠가 혹시 아는지 여쭤보고 싶어서. 들어가서 너희 아빠 좀 만나도 되지?"

"아빠는 지금 집에 안 계셔. 네가 프레디에 대해서 궁금해하더라고 아빠한테 전해 줄게. 아마 아빠가 너한테 이메일을 보내 주실 거야."

애니가 미안한 표정으로 말하고는, 조지 얼굴 앞에서 문을 닫으려고 했다. 조지는 자신의 눈을 믿을 수가 없었다. 대체 무슨 일이지? 잠시 뒤 모든 게 분명해졌다.

"누구니?"

애니 뒤에서 어떤 남자아이의 목소리가 들렸다.

"어, 그냥, 음…… 옆집에 사는 애야. 우리 아빠를 만나고 싶어서 왔대."

애니가 마치 두 사람 사이에 갇힌 듯이 앞뒤를 보면서 말했다.

애니가 문을 조금 더 넓게 열자, 조지한데도 그 남자아이가 보였다. 남자아이는 조지와 애니보다 키가 더 컸고, 삐죽삐죽한 검은 머리에 피부는 구릿빛이었다. 그리고 애니처럼 그 남자애도 초록색 교복을 입고 있었다.

"안녕!"

남자아이가 애니의 머리 위로 조지에게 고개를 끄덕였다.

"에릭 아저씨가 안 계셔서 안됐구나. 그냥 돌아가야겠네. 아저씨한테는 네가 왔었다고 우리가 전해 줄게."

조지는 도저히 믿을 수가 없어서 입이 떡 벌어졌다.

"그건 그렇고 난 빈센트라고 해."

남자아이가 불쑥 말했다.

"빈센트도 우리 학교에 다녀."

애니가 조지와 눈을 마주치지 않으려고 하면서 말했다.

"정말이야? 네가 7학년(우리나라의 중학교 1학년)이라고?"

조지가 놀라서 말했다.

"아냐!"

빈센트가 성난 표정을 지었다.

"10학년(우리나라의 고등학교 1학년)이야. 하지만 애니를 알아. 학교에서 만난 건 아니지만 말이야."

"그래?"

조지가 당황해서 말했다.

"빈센트의 아빠는 영화감독이셔."

수줍게 말하는 애니를 보며, 조지는 애니가 빈센트에게 푹 빠져 있다는 걸 알 수 있었다.

"빈센트의 아빠하고 우리 아빠하고 아는 사이야. 그분이 아빠의 새로운 텔레비전 시리즈를 만드셨거든."

"영화감독이라."

조지는 좌절감을 느꼈다.

"멋지네. 우리 아빠는 유기농 채소를 재배하시는데."

조지가 빈센트에게 시비조로 말했다.

"어서, 애니. 서두르자."

빈센트가 애니에게 눈짓을 했다.

"엄마가 스케이트장에 데려가 주기로 하셨거든. 빈센트는 스케이트보드 챔피언이야."

애니가 조지에게 설명했다.

"그래, 그럼 재미있게 타도록 해."

조지는 아무렇지도 않은 듯이 들리도록 애쓰며 말했다. 그러고는 뒤돌아서 다시 정원 통로를 따라 걸어가 울타리에 난 구멍에 다다랐다. 애니와 빈센트는 여전히 문간에 서서 조지를 지켜보고 있었다.

조지는 언제나처럼 별 생각 없이 울타리 구멍으로 뛰어들려고 했다. 하지만 이번엔 잘되지 않았고, 그만 나무판자에 부딪혀 땅바닥으로 벌러덩 나자빠지고 말았다. 조지는 주위를 돌아보지 않을 수 없었다. 애니와 빈센트는 여전히 그 자리에 서 있었는데, 참

화나고 억울한 일이었다. 자기가 문 앞에 갔을 때는 문도 열어 주지 않으려던 그들이, 이제는 가지도 않고 그 자리에 선 채 자신의 꼴사나운 모습을 보았으니 말이다.

조지는 최대한 위엄 있게 일어나 마치 아무 일도 없었던 듯이 행동하려고 애쓰면서 조용히 구멍 속으로 들어섰다. 그러나 속으로는 왕따 당한 느낌이 들어 속이 쓰렸다. 새 학년이 시작되자마자 애니한테는 벌써 재미있는 일들을 함께할 새 친구가 생겼으니 말이다.

그럼 이제 조지는 어떻게 되는 걸까?

이제 조지한테는 돼지도 없고, 애니도 없었다. 조지는 갑자기 쓸쓸하고 외로운 느낌이 들었다. 그는 비참한 표정으로 천천히 집으로 들어갔다.

그날 오후, 집 허드렛일과 숙제를 마친 조지는 다시 옆집에 가기로 했다. 애니와 스케이트보드 챔피언 빈센트가 스케이트장에서 돌아오기 전에 에릭이 집에 왔을지도 모를 일이었다.

조지는 뒷문이 조금 열려 있는 것을 발견했다. 그는 문을 밀고 게걸음으로 가만가만 들어갔다. 집은 조용하고 어둡고 이상하게 추웠다. 바깥은 여전히 초가을인데, 안에는 겨울이 시작된 느낌이었다. 집에는 아무도 없는 듯했다. 그러나 조지는 뒷문이 잠겨 있지 않았으니, 누군가가 있는 게 틀림없다고 생각했다.

조지는 무슨 소리라도 들릴까 조심스럽게 귀를 기울였다. 아무 소리도 들리지 않았다. 그런데 갑자기 어둠 속에서 에릭의 서재 문 밑으로 파란 불빛이 희미하게 흘러나왔다. 조지는 문을 살짝 두드렸다.

"에릭 아저씨. 에릭 아저씨?"

조지는 문에 귀를 바짝 댔다. 서재 안에서 코스모스가 작동하고 있는지 이따금씩 삑삑거리는 기계음만 들릴 뿐 아무 소리도 나지 않았다.

조지는 망설였다. 문을 열어도 괜찮을까? 에릭이 중요한 이론 연구에 몰두하고 있다면 굳이 방해하고 싶지 않았다. 하지만 어쩌면 에릭을 직접 만날 수 있는 기회는 지금밖에 없을지도 몰랐다. 조지는 손끝으로 조심스럽게 서재 문을 밀었다.

코스모스를 사람으로 치지 않는 한, 에릭의 서재에는 아무도 없었다. 코스모스는 평소처럼 책상 위에 놓인 채 모든 불을 환히 켜고 크리스마스트리처럼 반짝이고 있었다.

코스모스의 스크린에서는 슈퍼컴퓨터가 우주의 문을 그리는

데 사용하곤 했던 빛줄기가 흘러나오고 있었다. 우주의 문은 조지와 애니가 우주여행을 할 때마다 이용했던 출입구였다. 서재 한복판에 두 줄기 빛에 매달린 이 출입구에는 문이 닫히지 않도록 에릭의 스웨이드 가죽 신발 한 짝이 끼워져 있었다.

문 틈새로 새카만 하늘 아래에 구멍이 숭숭 파인 황량한 표면이 보였다. 조지는 더 자세히 보려고 몸을 앞으로 숙이고 문을 조금 더 열었다. 하지만 밝은 햇빛에 눈이 부셔서 한쪽 팔로 눈을 가려야만 했다.

조지는 출입구에서 물러나 에릭의 서재를 둘러보았다. 그러다 한쪽 귀퉁이에서 안락의자에 구겨진 채로 널브러져 있는 자신의

낡은 우주복을 발견했다.

　조지는 급히 우주복을 입고 산소 탱크 속 산소량을 확인했다. 그러고는 에릭이 가르쳐 준 대로 버클을 채운 뒤 우주로 나가는 출입구로 더 가까이 다가설 준비를 했다.

　두 손에 우주 장갑을 안전하게 낀 채, 조지는 출입구로 나아가 지구에서 가장 가까운 천체인 달 표면을 바라보았다. 잿빛 도는 먼지투성이 땅이 멀리까지 뻗어 있었다. 그 땅은 따가운 햇살 속에 잠겨 있었고, 햇살은 갈라진 틈새들을 가로질러 강렬한 그림자를 던졌다.

　조지는 출입구와 산맥 사이로 크레이터를 향해 급히 가는 작은 형체를 보았다. 비록 그 형체가 우주 헬멧이 달린 백색 우주복을 입고 있어 얼굴은 보이지 않았지만, 이리저리 껑충껑충 뛰어오르는 경쾌한 동작으로 보아 틀림없는 에릭이었다.

　지구에서 에릭은 무슨 생각에 빠진 듯 비틀거리며 걷는 경향이 있었지만, 우주에서는 마치 세속의 걱정에서 벗어나 우주의 경이를 한껏 즐기는 듯이 행동했다.

　조지는 대담하게 한 발을 앞으로 내딛으며, 문간을 가로질러 달 표면으로 성큼성큼 걸어갔다.

　지구를 떠나자 조지의 몸이 땅 위로 붕 떠올랐다가, 절그럭거리는 달 표면을 밟고 착륙했다. 달에서는 지구보다 중력이 낮아서, 우주 장화로 살짝만 몸을 밀어 올려도 공중으로 몇 미터씩 튀

어 오를 수 있었다.

"지구인들이여, 안녕!"

조지가 앞으로 몇 차례 통통 튀어 오르면서 외쳤다. 지구상의 그 누구도 조지가 한 말을 못 들을 게 뻔했지만, 조지는 달에 첫발을 내딛은 사실을 표시하기 위해 무슨 말이든 하고 싶었다.

어두운 하늘을 배경으로 본 지구는 마치 하얀 구름들이 점점이 박힌 청록색 보석처럼 보였다. 애니와 함께 흥미진진한 우주 모험은 해 봤지만, 지구를 이렇게 가까이서 본 건 이번이 처음이었다.

화성에서 본 지구는 하늘에서 빛나는 작은 점에 불과했다.

달

Q: 달은 언제 만들어졌는가?
A: 달은 40억 년도 더 전에 형성된 것으로 짐작된다.

Q: 달은 어떻게 만들어졌는가?
A: 과학자들은 행성 크기의 물체가 지구와 충돌해 먼지투성이의 뜨거운 암석 조각구름이 지구의 궤도로 튕겨 나갔다고 추측한다. 그리고 이 구름이 식는 동안, 성분 조각들이 들러붙어서 결국 달이 만들어지게 된 것이다.

Q: 달은 얼마나 큰가?
A: 달은 지구보다 훨씬 작다. 아마 지구 속에 달 49개를 집어넣을 수 있을 것이다. 또한 달은 중력도 더 작다. 만약 지구에서 46킬로그램이 나가는 사람이라면 달에서는 8킬로그램도 채 나가지 않을 것이다!

Q: 달에도 대기가 있나?
A: 없다. 이런 까닭에 달에서는 하늘이 언제나 검다. 따라서 햇빛을 직접 받지 않는 그늘에서는 늘 별들을 볼 수 있다.

Q: 과학자들이 달의 형성 과정을 발견하기 전에 사람들은 달에 대해서 어떻게 설명했나?
A: 오래전, 사람들은 달이 거울이라거나 밤하늘에 있는 불의 그릇이라고 믿었다. 수 세기 동안, 달에 지구의 생명에 영향을 미치는 마법의 힘이 있다고 생각했다. 어떤 면에서 보면 옳은 생각이다. 달은 정말로 지구에 영향을 미치기 때문이다. 하지만 마법의 힘은 아니다. 달의 중력이 지구의 바닷물을 끌어당겨 조석을 일으킨다.

달

Q: 달에 생명체가 존재할 수 있을까?
A: 달은 생명체를 부양할 수 없다. 생명체가 우주복을 입지 않는 한 말이다. 최근 과학자들이 수년 전에 생각했던 것보다 훨씬 더 많은 물이 달에 존재한다는 증거가 발견되고 있다. 그러나 생명체의 주요 성분인 물이 얼어붙은 상태로 존재하므로, 지구에서 달로 이주하는 사람들은 얼음을 생명에 필요한 액체 형태로 바꾸는 데 많은 노력을 기울여야 한다.

Q: 달에 다른 문명이 방문한 적이 있나?
A: 우리와 가장 가까운 천체인 달에는 지구의 우주 비행사들이 열두 번이나 방문했다. 1969년과 1972년 사이에, NASA(미 항공 우주국) 우주 비행사 열두 명이 달 표면 위를 걸었다. 인간이 달에 가기 전에 외계인들이 달을 방문해서 증거를 남겼을 가능성이 있을까? 외계인들이 우리와 아주 가까이 있을 가능성이 있을까? 그럴 가능성은 (아주아주) 희박하지만, 일부 과학자들은 달의 암석이 어떤 단서를 품고 있는지 알아보기 위해 다시 조사를 벌이고 있다.

토성의 얼어붙은 위성인 타이탄에서는 짙은 가스 구름 때문에 지구가 전혀 보이지 않았다. 그리고 조지와 애니가 게자리 55번째 별의 항성계에 도달했을 때는 지구가 전혀 보이지 않았다. 그 정도 떨어진 거리에서는 망원경으로 본다 해도 지구를 볼 수 없고, 태양에서 나오는 빛의 색깔이 아주 미세하게 주기적으로 변한다는 사실을 통해서 지구가 존재한다는 것만 간신히 알 뿐이었다. 그러나 달에서는 지구의 세세한 부분까지 보일 뿐만 아니라 그 아름다움을 감상하기에 딱 알맞은 거리에 있었다.

조지가 경치에 감탄한 뒤 에릭 쪽으로 껑충껑충 뛰어 가자 거리는 금세 좁혀졌다. 조지가 에릭에게 다다랐을 무렵, 에릭은 야트막한 크레이터 속으로 들어가 바닥에 박힌 먼지투성이 기계를 살피고 있었다.

"에릭 아저씨! 에릭 아저씨! 저예요, 조지!"

조지가 음성 송신 장치에 대고 소리쳤다.

"중력파가 대단한걸……."

에릭이 부서진 월면차에서 고개를 돌고는 놀라서 외쳤다.

"네 녀석 때문에 깜짝 놀랐잖니! 여기서 다른 사람을 만나리라

고는 전혀 예상치 못했거든."

아까는 조지의 음성 송신 장치가 범위를 벗어나 있었기 때문에 조지가 달 위에 처음으로 서서 내지른 기쁨의 환성은 에릭한테 들리지 않았다.

"제가 아저씨 서재에 들어갔더니 우주로 가는 출입구가 열려 있더라고요."

조지가 설명했다.

"그런데 여기서 뭐 하고 계세요?"

"음, 잠시 달을 둘러보고 싶었을 뿐이야."

에릭이 왠지 떳떳하지 못한 목소리로 말했다.

"달의 암석 조각 하나를 가져가서 더 자세히 살펴보고 싶었거든. 내가 연구하고 싶은 외계인 문명 이론이 있어서 말이야. 만약 과거에, 말하자면 수억 년 전쯤에, 외계인들이 우리를 종종 방문했다면 어딘가에 흔적을 남겼을 거라고 생각해. 하지만 아무도 달의 암석에서 외계인 방문의 흔적을 찾아본 사람이 없는 것 같더구나. 그래서 달의 암석에 어떤 생명의 흔적이 있는지 알아보기 위해 새로운 시각으로 다시 조사하려는 거지. 과거엔 달의 암석을 이런 식으로 조사한 사람이 아무도 없었으니까, 내가 직접 해 보면 뭔가 얻을 거라 생각했거든. 내가 표본들을 수집하다가 무엇을 발견했는지 보렴! 이건 월면차야!"

"아직도 작동하나요?"

조지가 얼른 에릭이 서 있는 곳으로 내려가면서 물었다. 월면차는 꼭 모래밭용 자동차가 부서져서 달에 버려진 듯이 보였다. 에릭이 낑낑대며 운전석으로 올라가는 동안, 조지는 월면차를 꼼꼼하게 살펴보았다.

"운전하실 수 있겠어요?"

"아무래도 지금쯤은 배터리가 다 닳았을 것 같구나."

에릭이 우주 장갑을 낀 손으로 월면차에서 먼지를 털어 내며 말했다.

"핸들이 없네요. 그럼 이 월면차를 어떻게 운전해요?"

"좋은 질문이야!"

에릭이 양쪽 소매를 양다리에 닦자, 하얀 우주복에 잿빛 달 먼지 자국이 길게 남았다.

"틀림없이 시동 켜는 방법이 있을 텐데…….'

에릭이 앞 좌석 사이에 있는 T자형 제어 장치를 만지작거렸지만 아무 변화도 일어나지 않았다. 제어 장치는 조정용 장치의 일부인 듯했다. 에릭이 우주 장갑을 낀 채 엄지로 달의 먼지를 닦아 내자, '전원'과 '운전 전원', '운전 가능'이라고 표시되어 있는 스위치들이 드러났다.

"아하! 알았다!"

에릭이 기뻐서 소리쳤다.

조지도 월면차로 뛰어올라 에릭 옆에 나란히 앉았다.

"저 스위치들을 작동시키면 어떻게 돼요? 움직여 봐도 될까요?"

조지가 흥분해서 물었다.

조지는 에릭이 자신을 잔뜩 들뜨게 해 놓고, 남의 월면차를 가지고 장난치면 안 된다는 말 따위는 하지 않기를 바랐다. 에릭은 역시 조지를 실망시키지 않았다.

"그럼, 되고말고!"

에릭이 자신 있게 대답했다. 그가 한 번에 하나씩 스위치를 켜고 제어 장치를 밀자, 월면차가 갑자기 앞으로 튕겨 나갔다. 예기치 않은 움직임에 두 사람 모두 공중으로 날아가 월면차에서 떨어지고 말았다.

"작동하네!"

에릭이 다시 월면차에 기어오르면서 외쳤다.

"조지, 내가 월면차를 운전할 테니까, 크레이터에서 나갈 수 있도록 뒤에서 밀어 주겠니? 달의 중력이 약해서 쉬울 거야."

"쳇, 왜 내가 밀어야 한담? 내가 운전하면 안 되나?"

조지가 혼자 투덜거렸다.

하지만 조지는 월면차 뒤에 자리 잡고 서서 힘껏 떠받쳤다. 에릭이 제어 장치를 앞으로 한 번 더 밀었다. 그러자 월면차 바퀴들이 땅에서 요란하게 회전하며, 조지에게 먼지와 달 암석을 날려 보냈다.

"더 세게 밀어!"

에릭이 소리쳤다. 조지가 온 힘을 다해 밀어낸 순간, 월면차가 크레이터에서 간신히 빠져나와 평평한 평원 위로 올라왔다.

"됐다!"

에릭이 장갑 낀 손을 만족스럽게 털어 내고 운전석에서 펄쩍 뛰어내리면서 말했다.

"이제 훨씬 낫군!"

에릭은 월면차를 칭찬하며 가볍게 쳤다.

"굉장한 기계야! 40년 넘게 사용하지 않았을 텐데도 여전히 작동하다니! 역시 대단한 차야."

"그런데 누구의 차예요?"

조지가 물었다. 조지의 온몸이 온통 달의 암석과 먼지로 뒤덮여 있었다.

"아마 달에 착륙했던 아폴로 우주 비행사들이 남겨 놓은 거겠지. 저길 좀 보렴! 저건 달 착륙선의 하강단이 틀림없어."

에릭이 멀리서 웅크리고 있는 네 발 달린 물체를 가리켰다.

"이것은 우주 역사의 일부란다."

두 사람 모두 자신들이 발견한 것에 놀라서 말을 잇지 못하는 동안 잠시 침묵이 흘렀다. 그 뒤 에릭은 문득 자신이 옆집 이웃인 조지라는 아이와 함께 달에 서 있다는 사실을 깨달은 모양이었다.

"조지, 넌 대체 달까지 따라와서 뭘 하고 있는 거니?"

"프레디에 대해서 여쭤보려고 왔어요. 프레디의 새집이 어디인지 말씀해 주시지 않았잖아요. 저는 녀석이 어느 행성에 있는지도 모른다고요!"

"어이쿠!"

에릭이 우주 헬멧을 쓴 자신의 머리를 치면서 외쳤다.

"나도 몰라! 코스모스한테 물어봐야 해. 하지만 걱정하지 마라. 프레디는 아주 안전하게 잘 있을 테니까 말이야. 그저 프레디가 어디에 있는지만 알아내면 되는 거니? 내가 또 까먹은 거 없니?"

에릭은 건망증이 심하기로 유명했고, 자신이 그렇다는 사실을 거리낌 없이 털어놓았다. 우주 이론 같은 중요한 문제들은 결코 잊는 법이 없어도, 양말을 신는다든가 점심을 먹는다든가 하는 일상적인 일들은 잊기 일쑤였다.

"아저씨가 잊으신 건 별로 없어요. 제가 아저씨한테 묻지 못한 게 더 많죠."

"무얼 묻는다는 거니?"

"아저씨의 연구에 대해서요. 우주의 기원을 조사하고 있는 연구 말이에요. 그걸 연구하는 게 위험한가요?"

"아니란다, 조지."

에릭이 단호하게 말했다.

"전혀 위험하지 않아. 오히려 나는 우주의 기원에 대해서 생각하지 않는 게 더 위험하다고 생각한단다. 우리가 어디서 왔고, 여기서 무엇을 하고 있는지, 이런 문제에 대한 사실을 다루기보다 공상만을 다룬다면 그게 오히려

위험한 거지. 우리가 지금 하려는 것은 이 막대한 우주가 어떻게 생겨났는지 이해하는 거야."

에릭이 한쪽 팔을 휘둘러 울퉁불퉁하고 험한 산맥과 칠흑 같이 어둡고 드넓은 하늘과 달의 풍경 위에 걸려 있는 먼 행성 지구의 모습을 가리켰다.

"이런 별 수십억 개와 무한하고 아름다운 은하와 행성과 블랙홀과 지구에 살고 있는 믿을 수 없을 정도로 다양한 생물이 어떻게 그리고 왜 생겨났는지 알고 싶은 거란다. 그 모든 게 어떻게 시작되었을까? 우리는 그것을 알아내기 위해 빅뱅으로 돌아가려고 애쓰고 있지. 그게 바로 우주의 기원을 연구하는 우주 과학이야. 거대 강입자 충돌기는 시간이 시작되었던 처음 얼마간을 다시 재현해서 우주가 어떻게 만들어졌는지를 더 잘 이해할 수 있게 해 줄 거야. 우리가 하고 있는 일은 절대로 위험하지 않단다. 거대 강입자 충돌기도 마찬가지고. 정말로 위험한 것은 우리를 막고 싶어 하는 사람들이지. 그들은 왜 초기 우주의 비밀이 밝혀지기를

바라지 않을까? 그것이 우리를 위해 해 줄 수 있는 일을 왜 두려워하게 만들까? 나는 그게 정말로 궁금하단다, 조지."

에릭은 조금 불만스럽다는 듯이 말했다.

"저 사람들이 아저씨와 다른 과학자들에게 해를 끼칠까요?"

"아니, 그렇지 않을 거야. 그저 몰래 불법 방해 행위만 할 거야. 저들은 얼굴을 드러낼 용기조차 없어. 그러니 그들을 두려워할 이유가 별로 없다고 생각한단다. 그 사람들은 잊어버리렴, 조지. 그저 멍청이 집단에 불과하니까 말이야."

조지는 이제 훨씬 더 마음이 놓였다. 프레디에 대해서도, 우주의 기원에 대해서도. 갑자기 아무것도 나빠 보이지 않았다. 조지와 에릭은 돌아서서, 여전히 멀리서 반짝이고 있는 출입구 쪽으로 다시 경중경중 튀어 갔다. 대개 우주 모험을 할 때는 출입구를 닫아 두지만, 에릭은 잠시만 나가 있을 생각이었기 때문에 문틈에 낡은 신발을 끼워서 문이 닫히지 않게 해 둔 채였다.

두 사람이 출입구에 다다르기 전에, 에릭이 호주머니에서 우주 카메라를 꺼냈다.

"우리 같이 사진 한 장 찍을까? '김치!' 해 보렴."

조지가 양손 엄지손가락을 추켜세워 찬성을 표시하자, 에릭이 카메라를 꺼내서 둘의 사진을 찍었다.

"우리가 월면차를 옮겼다는 걸 누군가가 알아챌까요?"

에릭이 카메라를 다시 넣는 동안 조지가 물었다.

"아주 신중하게 살펴봐야 알걸. 달 이쪽 지역은 끊임없이 감시

되는 곳이 아니거든. 내가 이쪽을 안전한 착륙지로 고른 것도 바로 그 때문이지."

"아무튼 좋아하기는 하겠죠. 우리가 자신들의 월면차를 땅속 구멍에서 꺼내 주고 다시 작동하게 해 주었으니까요."

조지가 지적했다.

"잠깐."

에릭이 하늘을 올려다보면서 말했다.

"저 위에 있는 저 빛 좀 보거라. 혜성은 아닐 텐데."

작은 광점 하나가 어두운 하늘에서 두 사람 쪽으로 움직이고 있었다.

"저게 뭐죠?"

"모르겠구나……. 하지만 뭐가 됐든 인공물인 게 틀림없어. 이제 그만 돌아가도록 하자. 이미 필요한 암석도 얻었으니까. 자, 어서 서둘러!"

에릭과 조지는 함께 코스모스의 우주의 문으로 펄쩍 뛰어들어 우주의 모험이 시작된 장소로 되돌아왔다.

최신 과학 이론

우주의 창조

세상이 어떻게 시작되었는가에 대해서는 여러 가지 이야기가 있다. 중앙아프리카의 보숑고족의 설화에 따르면, 태초에 어둠과 물과 위대한 신 붐바만 있었다. 어느 날 붐바가 위통을 앓다가 태양을 게워 냈다. 그러자 태양은 물의 일부를 말려 버려 땅을 남겼다. 여전히 통증을 느끼던 붐바가 달과 별에 이어 표범과 악어와 거북, 그리고 마침내 사람을 게워 냈다.

민족마다 우주 창조 이야기는 다르다. 그 이야기들은 일찍이 다음과 같은 중대한 질문에 답을 찾으려는 노력이었다.

"우리가 왜 여기에 존재하는가?"
"우리는 어디서 왔는가?"

이러한 질문에 답을 주는 최초의 과학적 증거는 80년 전쯤 발견되었다. 다른 은하들이 우리에게서 멀어지고 있다는 사실을 알아낸 것이다. 우주는 팽창하고 있으며 은하들은 서로에게서 점점 더 멀리 떨어지고 있다. 즉, 과거에는 은하들이 더 가까이 붙어 있었다는 뜻이다. 약 140억 년 전에, 우주는 매우 뜨겁고 조밀한 빅뱅이라는 상태에 있었을 것이다.

우주는 빅뱅으로 출발해서 갈수록 빨리 팽창했다. 마치 물가가 계속 올라가는 현상과 비슷해서 급팽창(인플레이션: inflation)이라고 불린다. 초기 우주의 급팽창은 물가가 폭등하는 속도보다 훨씬 더 빨랐다. 우리는 물가가

한 해에 두 배가 오르면 폭등이라고 생각하지만, 우주는 순식간에 몇 배의 크기로 늘어났다.

급팽창은 우주를 매우 크고 매우 매끄럽고 매우 평탄하게 만들었다. 그러나 완전히 매끄럽지는 않았다. 우주에는 장소마다 조금씩 변화가 있었다. 이런 변화들은 초기 우주의 작은 온도 차이 때문에 생겼고, 우리는 그것을 우주 마이크로파 배경에서 볼 수 있다. 이 변화들은 일부 지역이 약간 덜 빠르게 팽창한다는 것을 의미한다. 더 느린 지역들은 결국 팽창을 멈추고 다시 붕괴해서 은하와 별들을 만들 것이다. 우리가 존재하는 것은 바로 이런 변화들 덕분이다. 만약 초기 우주가 완전히 매끄러웠다면 은하도 별도 없었을 것이며, 따라서 생명체도 만들어지지 못했을 것이다.

스티븐 호킹 박사

5장

 두 사람은 과학자의 어수선한 서재 안으로 다시 뛰어들었다. 정체를 알 수 없는 위성한테 들키지 않으려고 서두르다가, 둘은 그만 벌러덩 나자빠지고 말았다. 한때 새하얗던 우주복이 먼지투성이가 되었다.
 "출입구가 닫혔습니다. 여러분은 태양에서 세 번째로 가까운 암석으로 돌아왔습니다."
 코스모스가 알려 주었다.
 "코스모스, 네 아이큐 수준이 무한대를 넘어섰구나."
 슈퍼컴퓨터가 칭찬을 얼마나 좋아하는지 잘 아는 조지가 말했다.
 "그건 기술적으로 불가능해."
 코스모스가 얼굴을 붉힐 때면 늘 그렇듯이, 스크린이 장밋빛으로 변했다.
 "하지만 네 말에는 동의해."

　조지는 일어서자마자 꿈틀거리며 우주복에서 나오기 시작했다. 우주복은 이제 나비가 헤치고 나온 텅 빈 애벌레 고치처럼 바닥에 널브러져 있었다.
　에릭이 여전히 우주복을 입은 채로 달의 소중한 암석 조각을 조심스럽게 싸고 있을 때, 문밖에서 발자국 소리가 들렸다.

"어서! 네 우주복을 숨겨."

에릭이 작은 소리로 말했다.

조지는 우주복을 둘둘 말아 서재 한쪽 구석에 있는 커다란 벽장 속으로 밀어 넣었다. 달에서 딸려 온 먼지 조각들이 둥둥 떠다니며 방 안을 가득 채웠다.

"누구세요? 수잔, 당신이오?"

에릭이 조금 높은 목소리로 외쳤다.

지난번 위험한 일을 겪은 뒤로, 애니의 엄마 수잔은 아이들이 에릭을 따라 우주로 나가는 것을 금지했다. 그때 그들은 우리 은하에서 41광년이나 떨어진 먼 태양계에서 하마터면 돌아오지 못할 뻔했기 때문이다.

"네, 저예요."

수잔은 대답만 하고는 서재로 들어오지 않고 곧장 부엌으로 걸어갔다. 쿵쿵거리는 발자국 소리도 들리는 것으로 보아 애니도 돌아온 모양이었다.

"정말 재미있었어요!"

애니가 서재로 급히 들어오면서 외쳤다.

"아빠, 저도 생일 선물로 스케이트보드 사 주시면 안……?"

애니가 놀라서 말을 멈추었다.

"왜 우주복을 입고 계세요? 그리고 조지가 왜 여기에 있죠?"

"쉿!"

에릭이 얼른 조용히 하도록 했다.

"안 돼! 그럴 리가 없어……. 설마! 혹시 나만 빼고 우주에 다녀온 거야?"

애니가 조지를 노려보았다.

"넌 스케이트장에 갔잖아."

조지가 상냥하게 말했다.

"그리고…… 신나게 놀았잖아. 아마 달에 가는 것보다 훨씬 더 신이 났겠지."

애니는 금방이라도 폭발할 듯이 보였다. 에릭은 아이들이 대체 무슨 말을 하는 건지 몰라 어리둥절한 표정만 짓고 있었다.

"나는 이만 가야겠어. 저녁 먹을 시간이라서 말이야! 안녕, 애니. 안녕히 계세요, 에릭 아저씨. 안녕히 계세요, 수잔 아줌마."

조지가 뒷문으로 쏜살같이 나오는데, 수잔이 뒤에서 소리쳤다.

"조지, 내일 저녁에 우리와 함께 강연 들으러 가는 거 잊지 마라! 네 입장표는 우리가 사 뒀어!"

다음 날, 예정대로 조지는 대학 강연장으로 가기 전에 애니의 집으로 갔다. 애니는 조지를 보는 게 썩 달갑지 않은 표정이었다.

"달은 어땠니?"

둘이 자전거 헬멧 끈을 채우는 동안 애니가 삐딱하게 물었다.

"아니야, 말하지 마. 틀림없이 별거 없었을 거야."

"넌 스케이트장에 갔잖아. 빈센트랑. 나한테 같이 가자는 말도 하지 않았으면서!"

조지가 반박했다.

"너도 가고 싶다고 말하지 않았잖아!"

애니가 자전거에 올라타면서 투덜거렸다.

"게다가 스케이트보드 타는 걸 좋아한다고 말한 적도 없고! 하지만 넌 내가 달에 가고 싶어 한다는 건 알고 있잖아. 그것도 무척이나 말이야! 달은 내가 우주에서 가장 가 보고 싶은 곳이란 말이야. 그런데 넌 나를 빼놓고 갔어. 넌 친구도 아니야."

조지는 애니가 억지 부리고 있다고 생각했지만, 딱히 대꾸할 말이 없었다. 애니 자신은 영화감독의 아들인 빈센트와 재미있게 놀았으면서, 조지가 에릭과 함께 무슨 일을 했다고 왜 저렇게 화를 내는 걸까? 하지만 조지는 애니에게 그렇게 물을 수가 없었다. 대신에 수잔이 나올 때까지, 집 앞에서 자전거를 타고 반항적으로 빙빙 돌기만 했다. 수잔은 커다란 나무 상자 하나를 자전거 핸들 위에 아슬아슬하게 올려놓고 있었다.

"어서 가자, 애들아."

수잔은 애니와 조지가 서로에게 화가 많이 나 있다는 사실을 모른 체하며 유쾌하게 말했다.

세 사람은 함께 자전거를 타고 시내로 향했다. 오래된 폭스브리지의 심장부에 좁다란 통로가 있고 여기에 커다란 건물이 있는데, 이곳에 수학과가 수백 년 동안 자리 잡고 있었다. 그런데 세 사람이 자전거 도로를 빠져나와 그 통로로 내려가자, 사람들이 통로를 가득 메우고 있어 자전거에서 내려 끌고 갈 수밖에 없었다.

"이 사람들은 다 누구지?"

세 사람이 군중을 뚫고 나아가는 동안 애니가 물었다.

"자전거는 여기에 두고 가자. 자전거를 가지고는 도저히 수학과 건물에 가까이 갈 수 없겠다."

수잔이 자전거 거치대를 가리키면서 말했다.

그들은 자전거에 자물쇠를 채우고 잔뜩 모여 있는 사람들을 헤치고 입구 쪽으로 나아갔다. 양쪽에 기둥이 있는 이중 유리문까지 긴 계단이 이어져 있었다. 그 문 앞에서는 대학의 관리인 한 사람이 밑에 있는 수많은 군중을 걱정스럽게 내려다보고 있었다.

"모두 너희 아빠의 강연을 들으러 온 사람들인가 봐!"

조지가 수잔을 따라 계단 쪽으로 비집고 나아가면서 애니에게 말했다.

"저것 봐! 사람들이 건물 안으로 들어가려고 하잖아!"

군중이 세 사람 주위로 밀어닥쳐서는 현관 위에 '대담하게 같

은 장소를 향해서'라는 헌사가 새겨진 낡은 석조 건물 쪽으로 밀고 들어갔다.

"대체 이유가 뭘까? 왜 이렇게 많은 사람이 우리 아빠의 강연을 들으려고 하지?"

애니가 간신히 조지를 따라가면서 투덜거렸다.

세 사람은 사람들 사이를 헤치고 관리인이 경비를 서고 있는 계단까지 간신히 나아갔다. 그러나 관리인이 즉시 팔을 뻗어 출입을 막았다.

"교수님의 강연에는 아직 아무도 들어갈 수 없습니다!"

관리인이 딱 잘라 말했다.

"실례지만 저는 벨리스 교수의 아내입니다. 이 애들은 제 딸인 애니와 친구 조지이고요."

수잔이 예의 바르게 설명했다.

"우리는 남편의 강연에 필요한 설치를 도우려고 왔어요."

"아, 몰라 뵈어 죄송합니다, 사모님!"

관리인이 정중히 사과했다.

"저희는 보통 수학과에 보안을 하지 않습니다. 소동이 자주 일어나는 곳은 아니니까요! 그런데 남편 되시는 분께서는 상당히 유명하신 모양입니다."

관리인이 손수건을 꺼내 이마를 닦았다.

수잔과 두 아이가 강연을 기다리는 사람들을 보려고 몸을 돌렸

을 때, 군중 뒤에서 동요하는 소리가 들렸다.

"저 사악한 과학자를 막아라!"

갑자기 구호가 터져 나왔다. 검은 옷차림에 마스크를 쓴 사람들이 한 줄로 서서 표어를 흔들고 있었다.

"과학의 진보가 우리의 우주를 파괴시키지 않게 하라!"

관리인이 겁에 질린 표정으로 얼른 무전기에 대고 말했다.

"수학과에 보충 요원 보내 주기 바람."

관리인이 수잔과 두 아이를 안쪽으로 안내하면서 말했다.

"안으로 들어가시죠, 사모님. 저 사람들은 우리가 처리하겠습니다."

관리인이 싸늘하게 말했다.

"우리는 폭스브리지에서 벌이는 이런 행태를 묵인할 수 없습니다. 여기서는 이런 일이 일어나서는 안 됩니다."

6장

안으로 들어가자마자 수잔은 얼른 아이들을 문에서 끌어당겨 강당으로 들여보냈다. 세 사람은 대형 강당으로 들어섰다.

"밖에서 일어나는 일은 신경 쓰지 마. 그리고 이것들을 좌석마다 하나씩 놓으렴."

수잔이 조지와 애니에게 각각 검은 안경 수십 개가 담긴 작은 나무 상자를 주며 조용히 말했다.

명성 높은 폭스브리지 대학의 신임 수학 교수로서, 에릭이 무대에 올라 최초로 대중 강연을 할 준비가 거의 끝나 갔다.

애니와 조지는 좌석 사이로 가서 의사마다 안경을 조심스럽게 하나씩 올려놓았다. 밖에서 시위하는 사람들 때문에 잔뜩 겁을 먹은 애니는 여전히 약간 떨고 있었다.

"엄마, 대체 무슨 일이에요? 저 사람들이 아빠가 이야기했던 토래그라는 조직의 사람들인가요?"

"엄마도 잘 모르겠구나."

애니의 엄마가 부드럽게 대답했다.

"하지만 우주의 기원을 탐사하려는 아빠의 실험에 반대하는 사람들인 건 분명한 것 같구나. 저들은 그 실험이 너무 위험해서 더 진행되기 전에 막아야 한다고 믿고 있는 거야."

"하지만 터무니없는 말이에요!"

조지가 반박했다.

"우리는 에릭 아저씨의 실험이 안전하다는 것을 알고 있잖아요! 그리고 그 실험들은 우주가 정말로 어떻게 시작되었는지 보여 줄지도 몰라요. 그 실험들은, 그러니까, 과학자들이 오랫동안 연구해 왔던 퍼즐의 마지막 조각이라고요! 전체 그림을 보기 전에 그 마지막 조각을 던져 버릴 수는 없어요."

애니와 조지는 강당 뒤에 있는 대형 이중문부터 에릭이 강연을 할 맨 앞까지 모든 의자에 안경을 놓았다. 그때 문이 갑자기 확 열리더니, 키 큰 남자아이 하나가 스케이트보드를 타고 그들 쪽으로 쏜살같이 내려왔다. 남자아이는 스케이트보드에서 펄쩍 뛰어내리더니 조지 바로 옆에 내려섰다. 그가 스케이트보드를 두 손으로

잡고 있는 동안에도 바퀴가 계속해서 돌고 있었다.

"짜잔!"

남자아이가 자신이 왔음을 알렸다.

"빈센트!"

애니가 기뻐서 소리쳤다.

"네가 올 줄은 꿈에도 몰랐어. 난 이 친구랑 같이 왔거든!"

애니가 조지 쪽을 손가락으로 가리켰다.

"문이 잠겨 있는 줄 알았는데."

문이 잠겨 있지 않은 것을 아쉬워하며, 조지가 뿌루퉁하게 말했다.

"사람들이 막 문을 열었어."

빈센트가 스케이트보드를 가리키며 말을 이었다.

"그래서 내가 앞까지 곧장 타고 왔지."

"검은 옷을 입은 사람들은 갔니?"

애니가 걱정스러운 얼굴로 물었다. 강연을 듣기 위해 사람들이 강연장으로 들어와 자리를 잡고는, 의자에 놓인 검은 안경을 살피며 그게 왜 필요한지 궁금해하고 있었다.

"응, 벌써 달아나 버렸어. 정말 별난 사람들이야. 그런데 대체 무슨 일이니? '사악한 과학자'라니……. 바보들 같으니라고!"

빈센트가 이해할 수 없다는 듯 고개를 절레절레 흔들었다.

애니는 빈센트에게 환한 미소를 보내고 있었다. 그 모습을 보고 있자니, 조지는 애니의 머리카락을 확 잡아당겨서 그런 표정이 싹 달아나게 하고 싶었다.

"그런데 그들 중 한 명이 나한테 말을 걸려고 했어."

빈센트가 왼쪽 발로 스케이트보드의 위아래를 홱 뒤집으면서 덧붙였다.

"뭐라고 했는데?"

조지가 궁금해서 물었다.

"사실 잘 못 들었어. 그 사람이 마스크를 쓰고 있어서 도무지 무슨 말인지 알아들을 수가 없었어. 근데 어떤 단어 하나를 말하려고 애쓰는 것 같더라."

"단어라니?"

조지가 묻자 빈센트가 그를 조심스럽게 쳐다보았다.

"솔직히 말하면, 바로 네 이름을 말하는 듯이 들렸어. 그 사람이 '조지'라고 말하는 것 같았다니까."

"시위하는 사람이 무엇 때문에 '조지'라는 말을 하겠어?"

애니가 어리둥절해서 물었다.

"어쩌면 '조지'라고 말한 게 아니었는지도 몰라."

빈센트가 매우 사려 깊게 말했다.

"그냥 그렇게 들렸을지도 모르지. 아니면 그 말은 그 멍청이들의 언어로 뭔가 다른 것을 의미하는지도 모르고. 우리 아빠도 영화를 특별 개봉할 때마다 늘 문제가 생기더라고."

빈센트가 허풍을 떨었다.

"광팬이 없으면 별 볼 일 없는 사람인 거지. 이런 일은 그저 유명한 사람들이 겪어야 하는 많은 일 가운데 하나에 불과해."

"아, 그래. 영화 특별 개봉! 굉장히 대단한 일인 게 틀림없어!"

애니가 감탄스러운 눈초리로 말했다.

"그래. 대단한 일이지!"

조지가 심드렁하게 따라 말했다. 빈정거리는 말투도 아니었다. 조지는 시위하는 사람이 왜 자신의 이름을 말했을지 골똘히 생각에 잠겨 있었다.

바깥에서 벌어지는 시위는 폭스브리지의 탑 지하에 버려진 포도주 저장실에 모였던 이상한 사람들과 어떤 관련이 있는 게 틀림없었다. 검은 옷차림에 얼굴 없는 무리들, 에릭의 연구가 우주를 단 몇 분 안에 갈가리 찢을 힘을 지녔다고 믿는 이 무리들 말고, 대체 누가 에릭을 사악한 과학자라고 부르겠는가? 그러나 대체 그 집단의 어느 누가 조지의 이름을 알고 있을까? 어떻게?

바로 그 순간, 강당의 불빛이 두어 차례 켜졌다가 꺼지더니, 누군가 모습은 보이지 않은 채 사람들에게 자리에 앉으라고 말했다. 그러나 조지와 애니는 코스모스의 목소리임을 금방 알아차렸다.

"신사 숙녀 여러분, 그리고 어린이와 우주 여행자 여러분."

계속해서 목소리가 들렸다.

"오늘 여러분은 한 번도 경험하지 못한 여행을 하게 될 것입니다. 준비하십시오, 신사 숙녀 여러분, 그리고 어린 여행자 여러분! 여러분의 우주를 만날 준비를 하십시오!"

그 말과 함께, 강당 전체가 어두워졌다.

7장

조지와 애니와 빈센트는 자리에 조용히 앉아 있었다. 그들은 맨 앞줄 끝에 앉아 있었고, 조지 옆에 빈자리가 딱 한 개 남아 있었다.

나머지 자리도 사람들로 가득 차 있어서, 강당 안에는 빈자리가 하나도 없었다. 어둠 속에서 이리저리 움직이던 사람들이 이내 조용해졌다.

"우주 여행자 여러분."

청중이 가득한 강당에 코스모스의 목소리가 당당하게 울려 퍼졌다.

"지금부터 수십억 년을 여행해야 합니다. 준비가 되셨습니까? 우주가 시작되던 태초로 돌아가 그 모든 게 어떻게 시작되었는지 알아볼 준비를 하십시오. 그리고 자리에 놓인 검은 안경을 착용해 주십시오."

코스모스가 말을 이었다.

"이제부터 눈부시게 밝은 광경을 보게 될 겁니다. 눈이 손상을 입지 않도록 부디 안경을 꼭 써 주시기 바랍니다."

청중의 머리 위로, 대단히 밝은 아주 작은 백색 광점 하나가 나타나 칠흑 같은 어둠 속 한가운데에 떠 있었다. 문득 조지는 이제 옆자리가 비어 있지 않다는 걸 알았.

어느새 어떤 남자가 살며시 들어와 자리에 앉아 있었다. 조지가 고개를 돌려 그 남자를
보려던 순간, 코스모스가 강당 전체를 환히 밝히는 강렬한 불빛을 내보냈다.

그 불빛이 비추는 동안 조지는 옆에 앉은 사람이 매우 이상한 안경을 썼다는 사실을 알아챘다. 남자가 쓴 안경은 투명하지도, 검지도 않은, 밝은 노란색이었다.

조지는 딱 한 번 그런 안경을 본 적이 있었다. 예전에 조지와 애니와 코스모스가 블랙홀에 빨려 들어간 에릭을 구했을 때, 에릭이 꼭 그렇게 생긴 노란색 안경을 끼고 나왔다. 그 안경은 에릭의 것이 아니었는데, 그 이상한 안경이 어떻게 초대형 블랙홀 한복판에 있게 되었는지는 여전히 풀리지 않는 수수께끼였다.

"실례지만 그 안경은 어디서 구하셨어요?"

조지가 물었지만, 코스모스의 목소리에 묻히고 말았다.

"우리의 이야기는 137억 년 전에 시작됩니다."

코스모스가 말하는 동안, 또다시 어두워진 강당에서 작은 광점 하나가 청중의 머리 위를 떠돌았다.

"그때는 우리가 지금 우주에서 볼 수 있는 모든 것이, 그리고 보이지 않기 때문에 우리가 볼 수 없는 모든 것이 양성자보다도 훨씬 더 작은 점으로 시작했습니다. 그땐 우주 자체도 아주 작았기 때문에 모든 것이 조밀하게 붙어 있어야만 했습니다. 우리가 최대한 먼 과거까지 들여다본다 해도, 당시의 상태가 너무 극단적이어

서 그 순간 정확히 어떤 일이 벌어졌는지 물리학으로는 더 이상 설명할 수 없습니다. 그러나 우주는 약 137억 년 전에 '0'의 크기에서 시작해서 그 뒤 팽창한 것으로 보입니다."

마치 풍선이 부풀 듯, 광점이 갑자기 엄청나게 커졌다. 이 풍선은 약간 투명했고, 표면에 밝은 소용돌이무늬가 움직이고 있었다. 그러나 내부는 텅 빈 듯했다.

코스모스가 말을 이어 나갔다.

"이 뜨거운 수프 같은 물질이 우리의 우주가 될 것입니다. 우주는 그저 구의 표면일 뿐이라는 사실을 명심하십시오. 이것은 3차원 공간의 2차원 모형입니다. 구가 자라는 동안 표면은 팽창하고

내용물은 퍼져 나갑니다. 시간도 공간과 함께 시작되었습니다. 이것이 바로 공간과 시간을 포함하는 모든 것이 태초에 갑자기 생겨난 빅뱅의 전통적인 모습입니다."

사람들의 머리 위에서 풍선이 팽창하자, 뜨겁고 소용돌이치는 풍선의 표면으로 빨려 들어갈 것만 같았다. 구불구불 움직이는 색깔들이 마치 구름처럼 비틀렸다가 희미해지고, 다시 흩어지더니 강당이 또 한 번 어둠 속에 휩싸였다. 여기저기서 "와!", "이야!" 하는 감탄사들이 터져 나왔다.

잠시 뒤 움직이는 희미한 빛 조각들이 어두운 천장에 나타나기 시작했다.

이 조각들은 은하의 형태를 띠고 서로 멀어져 갔고, 마침내 모두 사라져 다시 어두워졌다.

"빅뱅이 정말로 이랬을까요?"

코스모스가 물었다.

"일부 과학자들은 빅뱅이 정말로 역사의 시작이었을지 궁금해합니다. 확실히 모르지만, 빅뱅 직후 관측할 수 있는 모든 우주가 양성자보다도 작은 아주 조그마한 공간으로 밀어 넣어진 순간을 살펴봅시다."

"상상해 보십시오."

또 다른 목소리가 들렸다. 조명 하나가 얼굴 가득 미소를 머금고 무대에 선 에릭을 비춰 주었다. 청중 속에서 갑자기 박수갈채가 터져 나왔다.

"여러분이 바로 이 초기 순간에 우주 안에 앉아 있었다고 상상해 보십시오."

빅뱅부터 지구 탄생까지

당신이 바로 이 초기 순간에 우주 안에 앉아 있다고 상상해 보라(솔직히 우주 바깥에 앉아 있을 수는 없으니까). 빅뱅 직후 우주는 아주 뜨거운 수프 같았다. 내부 온도와 압력이 엄청나게 높았기 때문에 당신은 매우 강인해야 할 것이다. 당시에는 오늘날 주위에서 보이는 모든 물질이 원자보다도 훨씬 더 작은 공간 속에 밀어 넣어져 있었다.

빅뱅 직후에는 모든 것이 사방에서 똑같아 보인다. 바깥쪽으로 질주하는 불덩어리는 없다. 대신 뜨거운 물질이 모든 공간을 가득 채우고 있다. 이 물질은 무엇일까? 확실히는 모른다. 아마도 우리가 오늘날 보지 못하는 유형의 입자일 수도 있다. '끈'의 작은 고리들일 수도 있다. 그것은 분명 거대 강입자 충돌기에서도 발견할 가능성이 없는 '별난' 물질일 것이다.

이 작고 매우 뜨거운 별난 물질의 바다는 그것이 채우는 공간이 점점 더 커지면서 팽창하고 있다. 사방에 있는 물질이 당신에게서 멀어지고 있으며, 바다는 점점 더 밀도가 낮아진다. 물질이 멀어질수록 당신과 물질 사이의 공간이 팽창하고 있으므로 물질은 더 빨리 멀어져 간다. 바다에서 가장 먼 물질은 당신에게서 광속보다도 빠른 속도로 멀어지고 있다.

이제 수없이 복잡한 변화들이 매우 빠르게 일어난다. 모든 일이 빅뱅 후 처음 1초 동안 일어난다. 작은 우주의 팽창으로 이 작은 바닷속에 있는 뜨거운 별난 유체가 식는다. 그러면서 물이 식어 얼음을 형성할 때와 같은 갑작스러운 변화들을 일으킨다.

초기의 우주가 아직 원자보다 훨씬 더 작을 때, 유체 속에서 일어나는 변화 가운데 하나로 팽창 속도가 엄청나게 증가되는데, 이것을 급팽창이라고 부른다. 우주의 크기가 두 배가 되고, 또다시 두 배가 되고, 이런 식으로 90번 정도가 되풀이되어 아원자(원자보다 작은 입자) 규모에서 인간의 규모까지 증가한다. 침대 커버를 빳빳하게 잡아당길 때처럼, 이런 엄청난 팽창이 물질에 울퉁불퉁하게 나 있는 커다란 굴곡들을 평평하게 펴 준다. 그래서 결국 우리가 보는 우주는 매우 매끄럽고 사방에서 거의 똑같은 모습일 것이다.

반면, 유체 안에 있는 미세한 요동들도 팽창되어 훨씬 더 커졌고, 이것들이 나중에 별과 은하의 형성을 촉발시킬 것이다.

급팽창은 갑자기 끝나 엄청난 양의 에너지를 방출해서 새로운 입자들을 수 없이 만든다. 이제 별난 물질은 사라지고 더 친근한 입자들로 대체되었다. 바로 쿼크(양성자와 중성자의 구성 성분이지만 이것들이 만들어지기엔 아직 너무 뜨겁다.), 반쿼크, 글루온(쿼크와 반쿼크 사이에서 날아다닌다.), 광자(빛이 만들어지는 입자), 전자를 비롯해서 물리학자들에게 잘 알려진 다른 입자들이다. 또한 암흑 물질의 입자들도 존재할지 모르지만, 이런 입자들이 나타나야만 하는 듯이 보임에도 불구하고, 우리는 아직 그것들이 무엇인지 이해하지 못한다.

별난 물질은 어디로 가 버렸을까? 일부는 급팽창 동안 우리에게서 멀어져 우리가 결코 볼 수 없는 우주 공간으로 가 버렸다. 또 일부는 온도가 떨어지면서 덜 별난 입자로 변해 버렸다. 사방에 있는 물질은 이제 과거보다 훨씬 덜 뜨겁고 훨씬 덜 조밀하지만 여전히 오늘날보다는 훨씬 더 뜨겁고 더 조밀하다(별의 내부를 포함해서 말이다.). 우주는 이제 주로 쿼크와 반쿼크와 글루온으로 이루어진 뜨겁고 빛나는 안개(혹은 플라스마)로 가득 채워져 있다.

팽창은 계속되고(급팽창 순간보다는 훨씬 더 느리게), 결국 쿼크와 반쿼크가 두 개 혹은 세 개씩 결합해서 광자와 중성자를 비롯하여 강입자로 알려진 형태의 다른 입자들을 만들 정도로 온도가 떨어졌으며, 반양성자와 반중성자와 다른 반강입자도 만들어졌다. 그리고 우주의 나이가 1초 되었을 때도 이 빛나는 안개 같은 플라스마 사이로 거의 아무것도 보이지 않는다.

이제 다음 몇 초에 걸쳐, 물질의 대부분과 반물질이 서로를 소멸시키는 불꽃놀이가 일어나면서 새로운 광자들을 만들어 낸다. 이 안개는 이제 주로 광자와 중성자와 전자와 암흑 물질로 이루어져 있다. 대부분은 광자이지만 전기를 띤 양성자와 전자들 때문에 멀리까지 나가지 못해서, 팽창하면서 식고 있는 안개의 가시성은 여전히 나쁘다.

빅뱅부터 지구 탄생까지

우주의 나이가 몇 분 정도 되었을 때, 살아남은 광자들과 중성자들이 결합해서 주로 수소와 헬륨의 원자핵을 만들게 된다. 이 입자들은 여전히 전기를 띠고 있어서 아직 안개를 꿰뚫어 볼 수가 없다. 이 희뿌연 물질은 오늘날 별의 내부에서 발견되는 것과 다르지 않지만, 이 시기에는 이 물질이 우주 전체를 채우고 있다.

최초의 몇 분 동안 격렬하게 활동한 우주는 그다음 수십만 년 동안 변하지 않고 똑같이 유지되면서 계속 팽창하고 식는다. 그리고 뜨거운 안개는 빛의 파장이 공간의 팽창 때문에 늘어나면서 계속 옅어지고 희미해지고 붉어진다.

그 뒤 38만 년이 지나, 마침내 지구에서 보게 될 우주가 지름이 수백만 광년이 될 정도로 자랐을 때, 안개가 완전히 걷히게 된다. 전자들이 수소와 헬륨 핵에 포획되어 전체 원자들을 만들게 되기 때문이다. 전자와 핵의 전기 전하가 서로 상쇄하기 때문에, 완전한 원자들은 전기를 띠지 않는다. 따라서 광자들은 이제 방해받지 않고 여행할 수 있다. 비로소 우주가 투명해진 것이다.

안개 속에서 이렇게 오랫동안 기다린 뒤, 당신은 마침내 무엇을 보게 될까? 공간의 팽창이 계속되어 광자의 파장이 늘어나는 동안, 당신은 그저 사방에서 점점 더 붉어지고 희미해지는 붉은빛만 보게 될 것이다. 마침내 그 빛은 전혀 보이지 않게 되고 도처엔 그저 어둠만 있다. 우리는 이제 우주의 암흑기로 들어선 것이다.

마지막 빛의 광자들은 그 이후 죽 우주를 여행하면서 끊임없이 붉어지고 있다. 오늘날 그런 광자들은 우주 마이크로파 배경(CMB) 복사로 탐지되며 여전히 하늘의 모든 방향에서 지구에 도달하고 있다.

우주의 암흑기는 수억 년 동안 지속되며, 그 시간 동안은 사실상 볼 게 아무것도 없다. 우주는 여전히 물질로 가득 차 있지만, 거의 모두 암흑 물질이며, 나머지는 수소와 헬륨 가스이고, 어떤 것도 새로운 빛을 만들지 못한다. 그러나 어둠 속에서 조용한 변화들이 일어나고 있다.

급팽창으로 확대된 미세한 요동들은 일부 지역이 질량을 평균보다 약간 더 많이 포함하고 있음을 의미한다. 그러면 그러한 지역 쪽으로 중력의 인력이 증가되어 질량을 훨씬 더 많이 끌어들이고, 이미 그곳에 있는 암흑 물질과 수소와 헬륨 가스들은 더 가까이 모이게 된다. 이런 증가된 중력 때문에 암흑 물질과 가스가 조밀한 지역들이 수백만 년에 걸쳐 서서히 모이면서 점차 더 많은 물질을 끌어당기고 다른 지역들과 더 빨리 충돌하고 합병하여 점점 커지게 된다. 가스가 이런 지역으로 떨어지면 원자들이 가속되어 더 뜨거워진다. 때로 그 가스는 광자들을 방출해서 식거나 또 다른 물질 구름과 충돌하여 압축되지 않는 한, 붕괴를 멈추게 할 정도로 뜨거워진다.

만약 그 가스 구름이 충분히 붕괴된다면, 내부의 열이 더는 빠져나올 수 없을 정도로 조밀한 구형 방울들로 쪼개진다. 그리고 마침내 이 방울들의 중심에 있는 수소 핵들이 합병(융합)해서 헬륨 핵이 되고, 핵에너지를 방출할 정도로 뜨거워지는 시점에 도달한다. 암흑 물질과 가스로 이루어진 붕괴 지역들 가운데 어느 한 곳의 내부에 앉아 있던 당신은(그 지점이 바로 먼 훗날 지구의 은하가 있게 될 곳이므로), 인접한 방울들 가운데 하나가 갑자기 밝은 빛을 내뿜어서 주위의 어둠이 깨지는 순간 놀라움을 금치 못할 것이다. 이제 최초의 별들이 태어나면서 암흑기가 끝난다.

최초의 별들은 수소만 빨리 태우며, 마지막 단계에서는 어떤 핵이든 융합해서 탄소와 질소와 산소와 우리 주변에(그리고 우리 안에) 있는 다른 더 무거운 형태의 원자들을 만든다. 이러한 원자들은 굉장한 폭발로 마치 재처럼 근처 가스 구름 속으로 흩어져 다음 세대의 별들을 만드는 데 이용된다. 이 과정은 계속된다. 새로운 별들이 쌓이는 가스와 재로부터 만들어지고 죽어서 더 많은 재를 만든다.

더 젊은 별들이 만들어지는 동안 우리 은하(은하수) 같은 친근한 나선 형태가 이루어진다. 보이는 우주에 흩어져 있는 암흑 물질과 가스 지역에서도 똑같은 일이 벌어지고 있다.

빅뱅부터 지구 탄생까지

빅뱅 이후 90억 년이 지났고, 이제 젊은 별 하나가 모양을 갖추고 빛나기 시작한다. 수소와 헬륨 가스와 죽은 별들의 재로 만들어진 행성들로 둘러싸인 별이다.

또다시 45억 년이 흐른 뒤, 이 별의 세 번째 행성은 우주에서 인간이 편안하게 살아갈 수 있는 유일한 장소가 될 것이다. 그들은(당신은) 하늘 곳곳에서 별과, 가스와 먼지구름과, 은하와 우주 마이크로파 배경 복사를 볼 것이다. 그러나 그곳에 놓여 있는 암흑 물질 대부분은 보지 못할 것이다. 당신은 또 우주 마이크로파 배경 광자조차 도달하지 못할 정도로 멀리 떨어진 지역들은 볼 수 없을 것이며, 사실 우주에서 오는 빛이 우리의 행성에 결코 도달하지 못하는 지역도 있을 것이다.

이것이 바로 우리의 아름다운 지구이다.

8장

에릭의 강연이 끝나고 불이 켜지자, 모든 청중이 자리에서 벌떡 일어나 강당이 떠나갈 듯이 박수갈채를 보냈다.

에릭이 몇 차례 인사를 하고 무대에서 내려가자, 즉시 열광적인 팬들이 모여들었다. 플래시기 팡팡 터지는가 하면, 텔레비전 카메라들이 그림자처럼 쫓아다니며 그의 동작 하나하나를 찍었다. 에릭 주위로 사람들이 얼마나 많이 밀려들었던지, 애니와 조지는 가까이 갈 엄두도 내지 못했다. 그들은 군중에서 서서히 밀려났고, 마침내 에릭이 서 있는 곳에서 멀리 떨어지게 되었다.

애니는 들떠서 양 볼이 붉게 달아올라 있었다.

"굉장해!"

애니가 특별히 누구에게랄 것도 없이 계속해서 탄성을 질렀다.

"정말 대단했어!"

애니가 빈센트에게 계속 말했지만, 빈센트는 활활 타오르는 별의 심장부를 들여다보다가 아직 현실로 돌아오지 못한 듯이 멍한 표정이었다.

조지는 문득 가까이에서 점잖지만 날카로운 기침 소리를 듣고 고개를 돌렸다. 그러자 옆자리에 앉아 있던 남자가 그 자리에 서 있는 모습이 보였다. 그는 백발에 콧수염을 부드럽게 늘어뜨린 노인이었다. 조끼에 회중시계의 쇠줄이 늘어져 있는 깔끔한 트위드 양복 차림이었다. 노인이 조지의 팔을 덥석 잡았다.

"네가 에릭의 딸 옆에 앉아 있던 아이로구나."

노인이 다급하게 속삭였다.

"에릭을 아니?"

"네……."

조지는 무서워서 뒤로 물러나려고 했다. 그러나 노인은 콧수염이 조지의 얼굴을 간질일 정도로 바짝 다가와 있었다.

"네 이름이 뭐니?"

"조지예요."

조지가 여전히 뒷걸음질 치려고 애쓰면서 말했다.

"에릭 좀 불러 주겠니?"

콧수염을 기른 노인이 다급하게 말했다.

"그에게 꼭 할 말이 있어서 그런단다. 매우 중요한 일이야."

노인은 이제 투명한 일반 안경을 끼고 있었다. 조지는 아까 본 노란 안경은 자신의 상상이었나 하는 생각이 들었다.

"그런데 할아버진 누구세요?"

조지가 묻자, 노인이 이맛살을 찌푸렸다.

"날 모르겠니?"

조지는 열심히 생각했다. 이 노인을 만난 적이 있었나? 아무리 생각해도 만난 적이 없는 것 같았다. 그러나 노인에게는 왠지 생각이 날 듯 말 듯하게 친근한 면이 있었다. 특히 말투가 그랬다.

"날 알아보지 못하겠니? 어서 내 이름을 기억해 보렴."

노인이 다그쳐 물었다.

하지만 조지는 아무리 머리를 쥐어짜도 이 노인이 누구인지 전혀 생각나지 않았다. 조지가 당황하며 고개를 절레절레 흔들었다.

"정말이니?"

노인의 얼굴이 일그러졌다. 실망한 기색이 역력했다.

"나도 한창때는 꽤 유명했단다."

노인이 슬프게 말했다.

"모든 학생이 내 이론에 대해서 알고 있었지. 정말 주주빈 교수에 대해서 들어 본 적이 없다는 거니?"

조지가 얼굴을 찡그렸다. 기분이 좋지 않았다.

"없어요. 죄송해요, 주주빈 교수님……."

조지는 말을 끝맺을 수가 없었다.

"그 말을 들으니 슬프구나. 나는 에릭의 지도 교수였단다."

노교수가 비통하게 말했다.

"맞아요!"

이제야 기억이 난 조지가 안도하며 외쳤다.

"교수님을 어디서 뵌 적이 있다고 생각했어요. 에릭 아저씨가 대학 시절에 찍은 사진에서 본 거였어요! 에릭 아저씨의 훌륭한 스승이셨죠!"

그러나 주주빈 교수는 전혀 행복해 보이지 않았다.

"에릭의 훌륭한 스승이라……."

노인이 어두운 표정으로 중얼거렸다.

"그래, 내가 그렇게 기억되고 있구나. 사람들은 나를 그렇게 생각하고 있는 거야."

노인이 옷매무새를 가다듬는 것 같았다.

"아무렴 어떻겠니."

주주빈이 단호하게 말했다.

"에릭을 만나게 해 다오. 난 그의 연구실에서 기다리고 있으마. 자, 어서, 조지!"

조지는 에릭에게 힘겹게 나아가야만 했다. 에릭은 자신에게 푹 빠진 광팬들에게 에워싸인 채 질문에 대답하느라 정신이 없었다.

"밀지 좀 마라!"

사람들이 끼어들려는 조지에게 얼굴을 찌푸렸다. 조지는 에릭이 플러그를 빼고 코스모스를 접어서 겨드랑이 밑에 끼워 넣는 모습을 보았다.

마침내 조지는 에릭의 귀에 대고 속삭일 수 있을 만큼 가까이 다가갔다.

"에릭 아저씨, 주주빈 교수님이 여기에 와 계시는데 아저씨와 이야기 나누고 싶어 하세요. 매우 중요한 일이라고 하셨어요."

조지가 말했다.

에릭이 놀라서 조지를 돌아보았다.

"주주빈 교수님이 여기에 오셨다고? 여기에 말이니? 이 강당에? 정말로 주주빈 교수님이?"

"네, 주주빈 교수님이요."

에릭에게 말을 걸고 싶어 하는 사람들이 난폭하게 떠미는 동안, 조지가 다시 한 번 대꾸했다.

"주주빈 교수님이 아저씨의 연구실에서 기다리고 계세요. 아주 급한 일이라고 하셨어요."

"그럼 저는 이만 가 봐야겠습니다!"

에릭이 이렇게 말하고는 큰 소리로 손뼉을 짝짝 쳤다. 강당이 갑자기 조용해졌다.

"강연을 들어 주신 여러분, 모두 감사합니다!"

에릭이 팬들에게 말했다.

"부디 다음 달에 또 와 주십시오. 그땐 블랙홀과 우주의 종말에 대해서 논의하려고 합니다. 안녕히 가십시오, 신사 숙녀 여러분 그리고 어린이 여러분!"

에릭이 강연장을 떠나자, 또다시 우레와 같은 박수가 터져 나왔다. 조지가 이맛살을 찌푸리며 그의 뒤를 따라갔다. 주주빈 교수가 쓴 노란 안경 때문인지, 그가 에릭 이름을 말할 때 보인 이상한 태도 때문인지 잘 모르겠지만, 조지는 주주빈 교수한테서 불안감을 느꼈다. 조지는 에릭한테 무슨 일이 일어나려고 하는지 꼭 알아야겠다는 생각이 들었다.

"이게 대체 무슨 뜻인가?"

수주빈 교수가 에릭의 책상 위에 어떤 사진을 쾅 내려놓았다.

그러자 책상 위에 있던 절반쯤 마시다 만 찻잔들과 뜯지도 않은 편지 봉투들, 산더미같이 쌓인 과학 논문들, 책 더미가 이리저리 불안하게 흔들렸다.

"주주빈 교수님, 저는…… 저는……."

에릭이 새빨개진 얼굴로 안절부절못하자, 조지가 놀란 표정으로 빤히 쳐다보았다. 애니의 아빠가 그렇게 야단맞는 모습은 처음 보았다.

주주빈 교수는 그저 거기에 서서 자신의 제자를 내려다보고 있었다.

"에릭 벨리스, 나는 이게 자네와 어떤 관련이 있다는 것을 알고 있네. 확실히 해명해 보게."

조지는 그 사진을 슬쩍 훔쳐보았다. 구멍이 숭숭 뚫린 잿빛 표면이 보였다. 그 희미한 사진 한복판에는 우주복을 입은 두 사람이 서 있는 듯했다.

"이런, 맙소사."

에릭이 나직이 중얼거렸다.

"그건 내가 할 소리네."

주주빈 교수가 기가 막히다는 듯 혀를 찼다.

"모두 제 잘못입니다."

에릭이 즉시 사과했다.

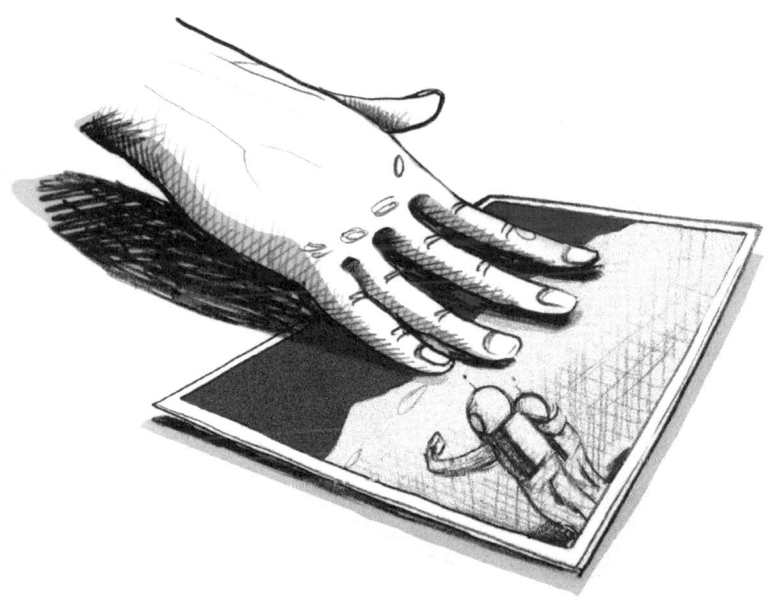

"조지를 탓하지는 마십시오."

"조지라니!"

주주빈 교수가 폭발했다.

"이제 자네가 어린애들을 우주로 데려간단 말인가? 다음은 뭔가? 전교 학생을 데리고 달 여행이라도 갈 셈인가? 대체 무슨 생각을 하고 있는 건가?"

"그건 제 잘못이었어요."

조지가 용감하게 나섰다.

"제가 에릭 아저씨한테 여쭤볼 게 있어서 달로 따라갔어요. 아저씨가 저를 데려간 게 아니었어요. 그저 저 혼자서 간 거예요."

그 말이 입에서 튀어나오자마자, 조지는 자신의 설명으로 상황이 훨씬 더 악화되었음을 깨달았다.

"그러니까 자네가 우주여행을 하는 동안 우주로 나가는 출입구를 닫아 두지 않았다는 말이군."

주주빈이 천천히 말했다.

"어린아이가 보호자도 없이 그 출입구를 이용해서 자네를 따라 우주로 나갈 수 있도록 말이지? 자네 대체 이게 얼마나 심각한 일인지 알고 있나?"

"정말로 죄송합니다."

에릭이 매우 부끄러워하는 표정으로 말했다.

"그 위치에 위성이 있는 줄은 전혀 몰랐습니다."

"자네의 행동은 정말로 경솔하기 짝이 없었어. 이 사진은 과학 탐구단의 중국 지부에 있는 링 박사가 내게 보내왔네."

주주빈이 쏘아붙였다.

"링 박사는 1972년 이후 아직까지 어떤 유인 우주선도 달을 방문한 적이 없는데, 중국의 위성이 어떻게 시간과 날짜가 적힌 두 우주 비행사의 사진을 찍었는지 알고 싶어 하네."

"상황이 그렇게 나쁘지는 않네요."

조지가 희망을 걸고 말했다.

"안 그런가요? 만약 그 사람들이 출입구를 본 것이 아니라면 코스모스는 여전히 비밀일 테고, 그들은 사진이 그저 실수일 뿐이라고 생각할 테니까요."

"실수?"

주주빈이 소리쳤다.

"네 녀석이 슈퍼컴퓨터를 이용해서 달로 짧은 여행을 갔다가 들켰는데, 이걸 실수라고 생각한다고?"

"조지한테 소리치지 마세요."

에릭이 조금 기운을 치리고 말했다. 다 식은 찻잔을 들고 한 모금 홀짝 마시더니, 기운이 나는 모양이었다.

"제가 연구 중인 어떤 이론을 조사하려고 코스모스를 이용해서 달에 간 것은 시인합니다. 표본으로 달의 암석이 조금 필요했거든요. 하지만 그뿐입니다! 그게 전부예요!"

"아니야!"

주주빈이 핏대를 올리며 말했다.

"그게 전부가 아니란 말일세! 링 박사가 그럭저럭 처리해서 아직까지는 이 사진의 비밀이 지켜지고 있지만 만약 사진이 새어 나간다면, 우리 모두 큰 곤란에 빠지게 될 걸세. 코스모스의 존재가 완전히 비밀로 유지되어야만 그 슈퍼컴퓨터가 과학적 발견에 효과적인 도구일 수 있다는 것은 자네도 알 걸세. 또 코스모스가 대중에게 알려질 때 어떤 일이 일어날지도 잘 알고 있을 테고. 자네는 세상에서 가장 강력한 슈퍼컴퓨터의 관리인이란 말일세. 그런데 자네가…… 자네가…….""

주주빈이 어찌나 화나 보였는지, 조지는 주주빈의 머리가 화산처럼 폭발할지도 모르겠다는 생각이 들었다.

"더 큰 문제는 '인류를 위한 과학 탐구단'에게는 최악의 시기에 이 일이 터졌다는 거야."

주주빈이 어느 정도 진정된 목소리로 말을 이었다.

인류를 위한 과학 탐구단은 과학이 악이 아닌 선을 위해 사용되도록, 특별하고 유명한 과학자들이 모인 집단이었다. 에릭은 이 탐구단의 회원이었고, 사실 조지와 애니도 회원이었다. 조지는 에릭과 블랙홀 모험을 함께한 최연소 회원이었다.

"자네도 오늘 강연장 밖에서 벌어진 시위를 보았을 거야."

주주빈이 계속 호통을 쳤다.

"자네도 중력의 추가를 방해하는 그 집단이 세력을 모으고 있다는 사실을 확실히 깨달았겠지."

조지는 주주빈이 그 시위 집단을 토래그라고 부르지 않으려고 애를 쓴다는 것을 알아차리고는, 조금 이상하다고 생각했다. 그 사람들한테 참 잘 어울리는 이름 같은데, 왜 이 미스터리한 우주 전문가는 그 단어를 사용하고 싶어 하지 않는 걸까?

"그들은 점점 더 대담해지고 있네."

주주빈이 말을 이었다.

"그 사람들은 오늘 이전까지는 대중에게 모습을 드러낸 적이 없어. 그런데 전 세계 사람들이 과학을 외면하고 있다는 것을 알고는 자신감을 얻은 거야. 이런 분위기에서 만약 대중이 자네의 어리석은 행동들 덕분에 우리가 슈퍼컴퓨터를 비밀로 하고 있다는 사실을 알게 된다면, 우리가 또 다른 무언가를 숨기고 있는지 묻기 시작할 걸세. 어쩌면 충돌기가 정말로 안전한지 물을지도 몰라. 어쩌면 모두 연구를 계속하지 못하도록 해야 하지 않겠느냐고 물을지도 모르지. 과학의 생명이 끝날 수도 있는 일이야. 과학 자체가 끝날 수도 있겠지."

이제 에릭은 금방이라도 눈물을 흘릴 것만 같았다. 조지는 에릭이 그렇게 속상해하는 모습을 처음 보았다.

"제가 어떻게 하면 되겠습니까? 제가 어떻게 해야 이 상황이 나아질까요?"

에릭이 두 손을 비틀면서 말했다.

"과학 탐구단에서 비상 회의를 소집했네."

주주빈이 조끼에 늘어져 있는 동그란 은시계를 살피며 말했다.

"코스모스를 가지고 당장 출발하게. 과학 탐구단에서 자네가 코스모스를 맡고 있는 동안 슈퍼컴퓨터가 수행한 일을 모조리 검토할 거라네. 자네가 이 슈퍼컴퓨터를 정당하게 사용했는지 알아보려고 말일세."

조지와 에릭 모두 침을 꿀꺽 삼켰다. 과학 탐구단이 코스모스의 일지를 조사해서, 최근에 돼지 한 마리를 수송하는 데 슈퍼컴퓨터를 이용한 사실을 알아낼 걸 생각하니 마음이 편치 않았다.

"자네는 탐구단에게 그동안 무슨 일을 해 왔는지 설명해야 할 걸세."

"그것 참 거북한 일이군요."

에릭이 여전히 프레디에 대해 생각하면서 중얼거렸다.

"그리고 과학 탐구단이 자네에게 코스모스를 그대로 맡겨 둘지 결정할 걸세. 자네의 교통편은 내가 마련해 두었네."

에릭이 창백해졌다.

"탐구단이 제게서 코스모스를

빼앗을 수도 있다는 말인가요?"

"그럴 수 없어요! 그건 잘못된 일이에요!"

조지가 외쳤다.

"두고 보면 알겠지."

주주빈이 단호하게 말했다.

"에릭, 자네는 이제 떠나야 하네. 자네 집으로 차가 갈 걸세."

"저는 어디로 가는 거죠?"

에릭이 물었다.

"대형 실험을 하는 곳으로."

"저도 아저씨와 함께 가겠어요. 저도 과학 탐구단의 회원이에요. 저도 거기에 갈래요."

"그건 안 돼!"

주주빈이 큰 소리로 외쳤다.

"넌 여기에 있어야 해. 이건 어린애들이 끼어들 문제가 아니야."

"주주빈 교수님 말씀이 옳아."

에릭이 부드럽게 말했다.

"네가 걱정할 일이 아니란다, 조지."

"하지만 어디로 가시는데요? 그 회의가 어디서 열리는데요? 집에는 언제 오실 건데요?"

에릭이 침을 꿀꺽 삼켰다.

"거대 강입자 충돌기가 있는 곳이야."

에릭이 조용히 말했다.

"나는 시간이 시작된 태초의 순간으로 돌아가는 거란다."

그 말과 함께, 세 사람은 에릭의 연구실에서 조용히 나와 현관에 있는 이중문으로 향했다. 에릭과 조지는 거리로 나왔지만, 조지가 유리창 너머로 뒤를 돌아보았을 때 주주빈이 그들을 따라오고 있지 않다는 걸 알았다. 노교수는 정문쯤에서 계단 아래로 사라졌다. 조지는 이상하다고 생각했다. 주주빈 교수님은 어디로 간 걸까?

"에릭 아저씨."

에릭이 자전거의 자물쇠를 열고 있을 때 조지가 물었다.

"수학과 건물 밑에는 뭐가 있어요?"

"밑이라니?"

에릭이 완전히 어리둥절한 표정으로 말했다.

"학생 때 이후로 거기에 내려가 본 적이 없는걸."

"저 아래에 뭐가 있는데요?"

조지가 다그쳐 물었다.

"낡은 잡동사니들이 쌓여 있겠지. 주로 낡은 컴퓨터들일 거야. 나도 모르겠구나."

에릭이 고개를 가로저었다.

"미안하구나, 조지. 지금은 머릿속이 좀 복잡해서 말이야. 네 자전거나 찾아서 함께 타고 집으로 가자꾸나."

초기 우주에 대한 이해

허블이 촬영한 가장 깊은 우주의 모습은 빅뱅 이후 최초의 별들이 마치 폭죽이 터지듯 하늘을 밝혔다는 것을 암시한다.

2만 광년 떨어진 게자리에서 밝게 빛나고 있는 젊은 별들의 집합, NGC3603.

초기 우주에 대한 이해

보이는 우주의 가장 깊은 모습인 허블 딥 스페이스 필드.

초기 우주에 대한 이해

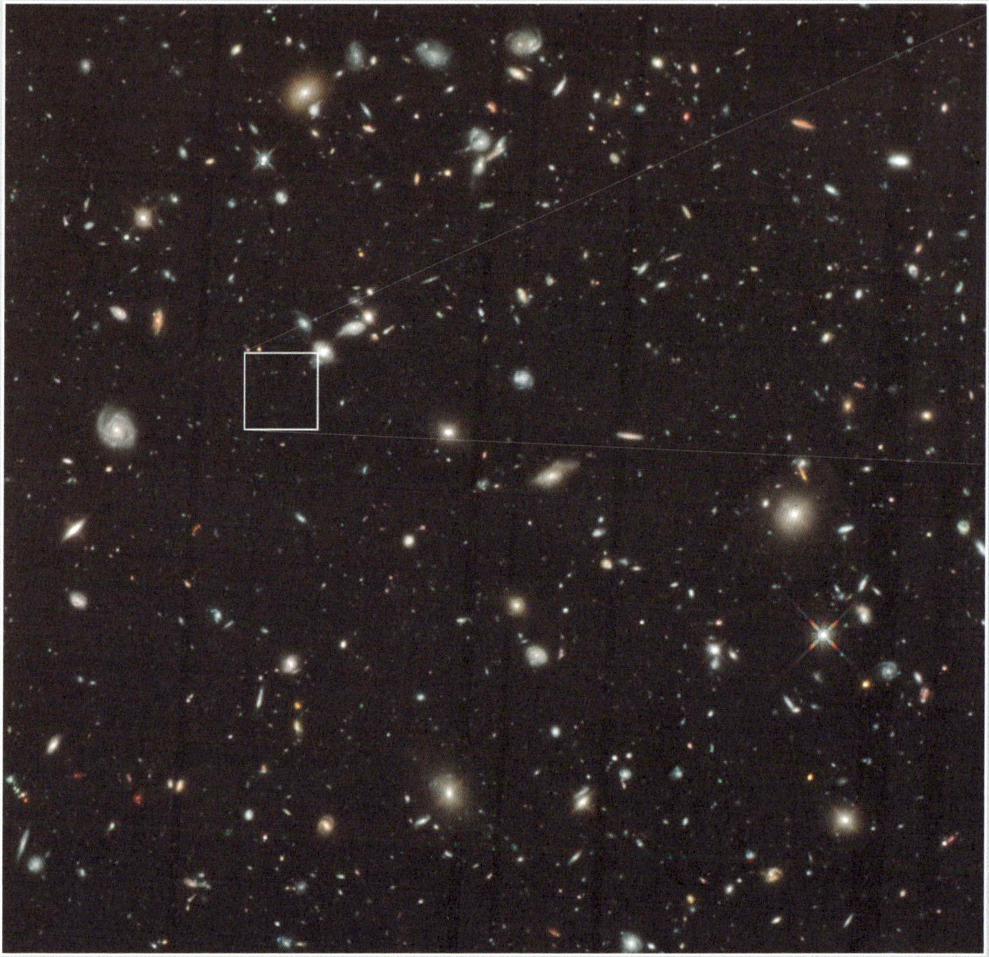

초기 우주에 대한 이해

희미한 붉은 점(적외선 영상)은 우리의 우주에서 관측된 가장 초기의 은하들 가운데 하나를 보여 준다.

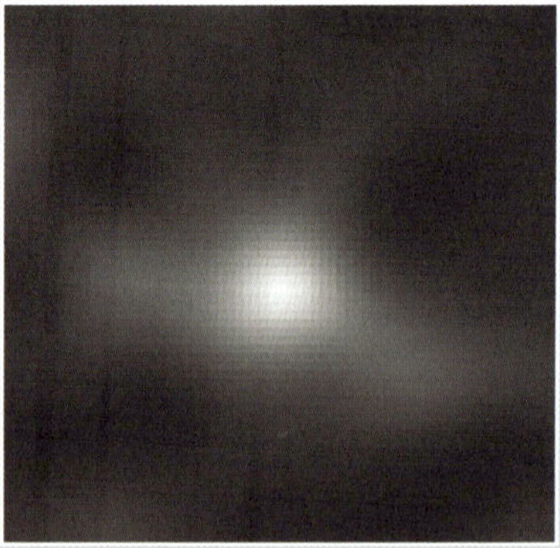

오늘날 거대한 은하들의 구성 성분인 이 작은 은하는 빅뱅 후 고작 4억 8천만 년 되었을 때 존재했다.

초기 우주에 대한 이해

거대한 은하단 아벨 1689에서,
천문학자들은 최신 기술을 이용해
직접 볼 수 없는 이 암흑 물질의 지도를 만든다.

초기 우주에 대한 이해

거대 강입자 충돌기(LHC)를 이용해서 시간의 시작을 되돌아보는, 유럽에 기반을 둔 국제 프로젝트.

초기 우주에 대한 이해

초기 우주에 대한 이해

9장

에릭의 집에서는 아직도 애니가 아빠의 멋진 강연에 들뜬 기분을 감추지 못하고 있었다.

"빈센트도 아빠가 끝내줬다고 말했어요. 우리 아빠가 완전 최고래요."

애니가 신이 나서 말했다.

그러나 행복한 분위기는 오래가지 않았다. 에릭과 조지의 표정을 본 수잔은 무언가 뜻밖의 일이 일어났다는 것을 금세 알아챘다. 수잔은 에릭을 서재로 데리고 가서 문을 닫았다. 그러나 별로 소용없는 일이었다. 두 아이는 얇은 벽 너머로 수잔과 에릭이 나누는 대화를 모조리 들을 수 있었다.

"그게 무슨 뜻이에요?"

두 아이는 에릭이 그 소식을 전한 뒤 수잔이 묻는 말을 들었다.

"대체 어떻게 오늘 밤에 스위스로 떠날 수 있단 말이에요? 지금은 학기 초예요. 학생들은 어쩌고요? 우리는 어쩌고요? 기념 파티를 도와주겠다고 했잖아요! 오랫동안 계획해 온 일이잖아요. 날 실망시키지 마요, 에릭. 두 번 다시 말이에요."

"무슨 일이지?"

애니가 조지에게 속삭이며 물었다. 두 아이는 부엌에서 맴돌고 있었다.

"어떤 위성이 아저씨와 내가 달에 간 사진을 찍었대."

조지가 애니에게 설명했다.

"과학 탐구단의 중국 지부에서 그 사진을 어떤 교수님에게 전송했나 봐. 그래서 너희 아빠가 곤란해지셨어. 너희 아빠는 거대 강입자 충돌기에서 열리는 회의에 당장 가야만 하신대. 어찌된 일인지 해명하고, 과학 탐구단이 너희 아빠한테 코스모스를 계속 맡길지 어떨지 따져 본대."

애니의 얼굴빛이 창백해졌다.

"코스모스를 뺏길지도 모른다는 거야?"

애니가 씩씩거렸다.

"수잔."

옆방에서 에릭이 말했다.

"정말 미안해요."

"약속했잖아요. 더는 우리 인생을 망치지 않겠다고 약속했잖아요!"

애니와 조지는 듣고 싶지 않았지만 듣지 않을 수가 없었다. 모든 말이 오싹할 정도로 또렷이 들렸다.

"수잔, 만약 지금 가지 않으면, 나는 확실히 코스모스를 잃게 될 거예요."

"코스모스! 코스모스!"

수잔이 화가 나서 쏘아붙였다.

"그 컴퓨터라면 이제 지긋지긋해요! 언제나 말썽만 일으켰잖아요."

"그렇지 않아요."

에릭이 무기력하게 항의했다.

애니가 부엌에서 뛰쳐나가 불쑥 서재로 들어갔다.

"그만하세요!"

애니가 감정을 이기지 못하고 소리쳤다.

"더는 못 참겠어요! 그만 싸우세요! 두 분 다 그만두세요! 그만두시라고요!"

조지는 부엌에서 얼어붙은 듯 서 있었다. 옆집에 사는 애니네 가족을 알게 된 뒤, 처음으로 빨리 집에 돌아가고 싶어졌다. 비록 쌍둥이 여동생들이 시끄럽게 울어 대고 엄마가 이상한 음식을 만든다 해도, 애니와 수잔과 에릭의 삶에서 벗어나 평범한 자신의 삶으로 돌아가고 싶었다.

"애니, 부탁인데 끼어들지 말아 주렴."

수잔이 달렸다.

"이건 아빠와 엄마 사이의 문제란다."

"과학 탐구단이 코스모스를 빼앗아 간대요?"

애니가 아빠에게 물었다. 그러나 에릭은 딴 생각에 빠져 있는 듯했다.

"뭐라고?"

에릭이 깜짝 놀라서 물었다.

"듣지도 않고 있었군요?"

수잔이 한숨을 지었다. 완전히 좌절한 듯했다.

"난 당신에게 계속 떠들어 대고 있었는데, 당신은 과학 생각만 하고 있었군요."

"난…… 난…….”

에릭은 그 말을 부정할 수 없었다.

"어쩌면 당신은 코스모스를 잃는 게 나을지도 몰라요.”

수잔이 말했다.

"난 차라리 과학 탐구단이 저 빌어먹을 컴퓨터를 빼앗아 가서, 우리가 정상적인 가족으로 돌아갈 수 있다면 좋겠어요.”

"엄마!”

애니가 겁에 질려 소리쳤다.

"그 말, 진심이 아니지요?”

"아니, 진심이야.”

수잔이 대꾸했다.

"만약 과학 탐구단이 저 빌어먹을 기계를 파괴시키지 않는다면, 내가 그렇게 하고야 말겠어.”

집안 분위기가 매우 어색해지고 찬바람이 쌩쌩 불었다. 에릭은 짐을 싸기 위해 무거운 발걸음으로 이층으로 올라갔고, 애니는 에릭의 뒤꽁무니를 바짝 따라가며 과학 탐구단에게 할 말들을 주절주절 제안했다.

"애니! 이 문제는 아빠 혼자서 처리할 수 있어!”

조지는 애니의 아빠가 큰 목소리로 말하는 소리를 들었다.

"넌 끼어들지 말아라! 네가 상관할 문제가 아니야!”

조지가 여전히 부엌에 서 있는 동안, 애니가 계단을 뛰어 내려와 에릭의 서재로 들어가서는 문을 쾅 닫는 소리가 들렸다. 시끄럽게 훌쩍이는 소리가 온 집 안에 울려 퍼졌다.

"애니……."

수잔이 서재 문을 부드럽게 두드렸다.

"저리 가세요!"

애니가 소리쳤다.

"엄마 미워요! 모두 다 미워요!"

수잔이 창백하고 일그러진 얼굴로 부엌으로 들어왔다.

"정말 미안하구나, 조지."

수잔이 지친 목소리로 말했다.

"괜찮아요."

조지는 그렇게 말하긴 했지만 실은 괜찮지 않았다. 어른들이 그렇게 심하게 싸우는 모습을 눈앞에서 본 적이 없었기 때문에 마음이 불편했다.

"그만 집에 가는 게 좋겠구나."

수잔이 상냥하게 말했다.

어느새 에릭이 문간에 모습을 드러냈다.

"조지, 이걸 가져가라……."

에릭이 조지에게 우리에 넣은 햄스터 푸키를 건네며 말했다.

"아, 그리고 이것도. 이건 기념품이야."

에릭이 슬프게 덧붙이며 배낭도 건넸다.

"내가 없는 동안 과학 탐구단이 와서 우주 관련 물건들을 모조리 압수할 수도 있을 거야. 네가 그걸 간직하고 싶을 거란 생각이 들었단다."

그것은 마치 배낭 속에 쑤셔 넣은 커다란 베이지색 오리털 이불처럼 보였다. 그러나 조지는 그게 무엇인지 정확히 알고 있었다. 에릭이 조지에게 준 건 그의 우주복이었다.

"진짜요?"

조지가 배낭을 어깨에 메고 우리를 양손에 받아 들면서 말했다. 사실 햄스터 푸키는 보통 애완동물이 아니었다. 푸키는 현존하는 유일한 나노 슈퍼컴퓨터였다. 에릭의 옛 동료인 리퍼 박사가 설계한 것으로, 푸키는 거의 코스모스만큼이나 강력했다.

적어도 이론적으로는 그만큼 강력했다. 그러나 딱 한 가지 문제는 에릭이 푸키의 작동법을 모른다는 것이었다. 이 나노 컴퓨터는 거의 살아 있는 작은 털짐승처럼 설계되어 있었지만, 제어판이 없어서 어떤 명령이나 지시에도 반응하지 못했다. 이 컴퓨터를 만든 리퍼 박사가 없으면, 슈퍼컴퓨터 푸키는 완전히 쓸모없었다. 에릭은 푸키를 코스모스와 연결시키고 싶었지만, 그 계획은 실패로 끝나고 말았다. 대신 푸키는 넓은 햄스터 우리 안에서 콧수염을 다듬고 잠도 자고 바퀴 위에서 달리기도 하면서 조용히 살고 있었다. 세계에서 두 번째로 똑똑한 컴퓨터가 도전할 일은 많지 않았다. 리퍼 박사가 먼 물리학 연구소에서 긴 휴가를 마치고 돌아올 때까지, 에릭이 푸키를 이용해 할 수 있는 일은 전혀 없었다. 이 컴퓨터를 안전하고 은밀하게 보관하는 일 말고는.

리퍼 말고 푸키에 대해서 아는 사람은 조지와 에릭과 애니뿐이었다. 이 말은, 과학 탐구단이 두 번째 슈퍼컴퓨터가 존재한다는 사실을 전혀 모를 수도 있다는 뜻임을 조지는 문득 깨달았다.

"잘 가라, 조지. 행운을 빈다."

에릭이 말했다.

"애니는요?"

훌쩍이는 울음소리는 이제 들리지 않았다.

"좀 진정이 되면 애니더러 너한테 문자 보내라고 할게."

수잔이 말했다.

조지는 애니네 부엌문으로 조용히 나와 정원을 가로질러 울타리에 난 구멍으로 들어갔다. 어둠 속에서 그의 집이 친근한 불빛으로 빛나며 맞아 주었다. 환경친화적인 아빠가 설치한 태양광 전기 발전기는 전류가 강하지 못해서 저녁이면 배터리가 종종 바닥이 나곤 했다.

조지가 뒷문을 열고 부엌으로 들어가자, 엄마 데이지가 쌍둥이 동생들에게 줄 야채를 갈고 있었다. 집에서 풍기는 냄새가 조지를 압도했다. 엄마가 고개를 돌리더니 미소를 지었다.

"왔니? 엄마 말은, 집에 아주 온 거냐고."

엄마는 조지가 배낭을 메고 커다란 햄스터 우리를 들고 문간에

서 서성이는 모습을 보고 물었다. 조지는 갑자기 목이 메었다. 조지가 고개를 끄덕였다.

"기쁘구나."

데이지가 온화하게 말했다.

"조지, 네가 여기서 쌍둥이 여동생들과 지내기 힘들어하는 거 알아······."

쌍둥이들은 난로 양쪽에 놓인 골풀로 만든 두 개의 바구니 안에서 꾸벅꾸벅 졸고 있었다. 쌍둥이들의 길고 검은 속눈썹이 꽃잎처럼 양 볼 위로 내려앉아 있었다.

"녀석들이 좀 더 크면 차츰 나아질 거야."

엄마가 조지를 껴안으면서 말을 이었다.

"그렇게 시끄럽지도 않을 테고."

조지는 아직도 누가 누군지 쌍둥이를 구별하지 못했는데, 둘 중 하나가 자다가 웃었다. 귀엽게 까르륵거리는 소리가 마치 별똥별이 지구로 또로록 떨어지는 소리 같았다.

"동생들이 더 크면 놀라운 일들이 벌어질 거야. 녀석들이 없는 삶은 상상할 수도 없을걸."

조지의 아빠 테렌스가 문간에 서서 지켜보고 있었다. 조지는 자신이 그동안 옆집에서 살다시피 했어도 엄마 아빠가 아무 말도 하지 않았다는 것을 깨달았다. 그러자 갑자기 아무 말도 하지 않은 엄마 아빠한테 고마운 마음이 들었다.

"네가 돌아오니 좋구나, 조지."

아빠가 무뚝뚝하게 말했다.

"네가 보고 싶었단다. 이리 다오, 내가 도와주마."

테렌스가 햄스터 우리를 가져가서는, 마치 갓난아이처럼 잠들어 있는 세상에서 두 번째로 강력한 컴퓨터를 들여다보았다.

"이게 뭐니……?"

"푸키라고 해요. 제 방에 두어도 돼요?"

엄마 아빠가 빙긋이 미소를 지었다.

"물론이지."

데이지가 흔쾌히 말했다.

"정말로 귀여운 동물이구나! 우스꽝스러운 돼지보다 크기도 작고 말이야."

"녀석을 이층으로 옮겨 주마."

테렌스가 말했다.

조지는 계단을 올라가 자기 방으로 들어갔다. 그리고는 한밤중에 깨어나 별똥별을 보게 될 경우를 생각해서 커튼을 조금 열어 둔 채 잠자리에 들었다.

10장

 조용하고 어두운 거리에, 길고 반짝이는 검은 자동차 한 대가 에릭의 집 앞에 섰다. 운전사가 차에서 내려 초인종을 눌렀다. 에릭이 창백한 얼굴로 문 뒤에서 기다리고 있었다. 에릭은 코스모스가 든 작은 서류 가방을 들고 현관에서 돌아서서 작별 인사를 했다. 수잔과 애니가 에릭을 꼭 안아 주었다.
 "이만 가야겠소."
 창백한 에릭의 얼굴에서 두 눈이 마치 죽어 가는 두 개의 별처럼 반짝였다.
 "행운을 빌게요."
 수잔이 조용히 말했다.
 "에릭, 부디 조심하세요! 부디! 몸조심하세요. 주위에 있는 나쁜 사람들이 당신에게 호의적이지 않다는 걸 잊지 말고요."
 "난 괜찮을 테니 걱정 마요!"

에릭이 유쾌하게 들리게 하려고 애쓰며 말했다. 에릭이 떠날 시간이 되자, 수잔과 애니는 더 이상 화를 낼 수 없었다.

"며칠 뒤에 내가 돌아오면, 우리 모두 웃으면서 이 일에 대해 이야기하게 될 거요! 그저 우스꽝스러운 오해에 불과한 일이니까. 일단 내가 설명할 기회를 갖기만 하면 모든 사람이 이해하게 될 테고, 그럼 난 금방 다시 집에 돌아올 거요! 어쩌면 기념 파티에 딱 맞춰서 돌아올지도 모르지!"

"안녕히 다녀오세요, 아빠!"

애니의 아랫입술이 파르르 떨렸다.

"서두르세요, 교수님."

운전사는 슬슬 안달이 났다.

"얼른 차에 타십시오. 빨리 떠나야 합니다."

에릭이 고개를 돌리고 검은색 자동차에 타자, 운전사가 조용히 문을 닫았다. 창문 유리는 검은색이어서, 에릭이 컴퓨터를 안고 부드러운 가죽 의자에 앉아 눈물 흘리는 모습을 수잔과 애니는 보지 못했다.

자동차가 엔진 소리를 힘차게 내면서 거리를 빠

져나갔다. 그들은 가까운 비행장까지 말없이 갔다. 그곳은 하루에 단 몇 대의 비행기만 착륙하고 이륙하는 사설 활주로였다. 운전사가 입구에 있는 경비원에게 몇 마디 건네자, 자동차는 그대로 통과해 비행장으로 향했다.

에릭이 자동차에서 내리자마자 곧장 비행기에 탈 수 있도록, 제트기 한 대가 작은 계단을 내린 채 환한 보름달 빛을 받으며 기다리고 있었다. 에릭은 비행기에 탑승하자, 승객이 자신밖에 없다는 것을 알았다.

잠시 뒤 조종사의 목소리가 확성기에서 흘러나왔다.

"안녕하세요, 벨리스 교수님. 오늘 저녁 교수님을 모시고 비행하게 되어 큰 영광입니다. 저희는 약 1시간 30분 뒤 거내 상입자 충돌기 부근의 비행장에 착륙할 예정입니다. 안전한 여행을 위해 좌석 벨트를 착용해 주시겠습니까?"

그런 뒤, 작은 비행기는 활주로에서 속도를 내어 부드럽게 기수를 들어 올리고는, 에릭의 경력에 마침표를 찍게 할 수도 있는 곳을 향해 밤하늘을 날아갔다.

조지는 머리가 베개에 닿자마자 깊은 잠에 빠져들었지만, 오래가지 않았다. 단 몇 초처럼 느껴진 시간이 흐른 뒤, 조지는 등에 식은땀을 흘리면서 침대에서 벌떡 일어나 앉았다. 조지는 깜박 잠이 든 사이에 혼란스러운 꿈들을 꾸었다. 태양이 초록으로 빛나는 먼 행성에서, 검은 옷을 입은 사람들이 울창한 주황빛 수풀 사이로 프레디를 쫓고 있었다.

"저 괘씸한 돼지를 잡아라!"

악몽 속에서 사람들이 외쳤다. 조지는 프레디를 내버려 두라고 소리치려고 했지만, 겁에 질린 그의 입에서는 그저 꺽꺽 하는 소리만 흘러나올 뿐이었다.

잠에서 깬 조지는 문득 무서운 생각이 들었다. 만약 에릭이 탐구단에게 코스모스를 빼앗긴 채 돌아온다면, 프레디가 어디로 가 버렸는지 결코 알아내지 못할 터였다! 에릭은 조지에게 돼지의 새집이 어디인지 말해 주지 않았다. 에릭도 아직 코스모스에게 물어보지 못했기 때문이다. 만약 코스모스가 없다면 프레디를 찾을 길은 막막했다! 만약 코스모스가 프레디를 우주에서 가장 먼 지역으로 보내 버렸다면 어떻게 하지? 그것은 조지가 프레디와 점점 더 멀어질 것임을 뜻했다. 조지는 프레디를 두 번 다시 못 볼지도 몰랐다. 그러나 모든 것은 애당초 자신의 돼지를 잘 돌보지 않은 조지의 탓이었다.

조지는 비참하고 후회스러운 기분으로 침대에 누워 있었다. 그때 문득 머핀 한 조각에 따뜻한 우유 한 잔을 마시면 좀 위안이 될 듯한 기분이 들었다. 그래서 조지는 잠옷을 입은 채 방에서 빠져나와, 자고 있는 쌍둥이 동생들을 깨우지 않도록 조심하면서 아래층으로 살그머니 내려갔다.

우주의 팽창

천문학자 에드윈 허블은 캘리포니아 윌슨 산에 있는 2.5미터 망원경으로 밤하늘을 연구했다. 그는 성운(밤하늘의 희미하고 밝은 얼룩들)이라고 생각한 것 중 일부가 은하수처럼 수십억 개의 별을 포함한 은하라는 것을 알았다(은하의 크기가 아주 다양할 수는 있지만). 또한 다른 은하들이 우리에게서 멀어지고 있는 듯이 보이며, 우리에게서 멀리 떨어진 은하일수록 점점 더 빨리 멀어진다는 놀라운 사실을 발견했다. 그 후 인간의 우주가 훨씬 더 커졌다.

우주는 팽창하고 있다. 은하들 사이의 거리는 시간에 따라 증가하고 있다. 우주는 은하를 점으로 찍어 둔 풍선 표면이라고 생각할 수 있다. 만약 풍선을 분다면, 은하를 의미하는 점들은 서로 멀어진다. 은하들은 멀리 떨어질수록 서로의 거리가 더 빨리 증가한다.

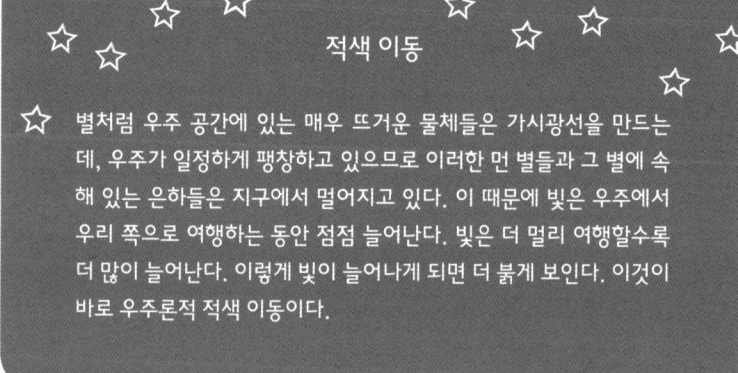

적색 이동

별처럼 우주 공간에 있는 매우 뜨거운 물체들은 가시광선을 만드는데, 우주가 일정하게 팽창하고 있으므로 이러한 먼 별들과 그 별에 속해 있는 은하들은 지구에서 멀어지고 있다. 이 때문에 빛은 우주에서 우리 쪽으로 여행하는 동안 점점 늘어난다. 빛은 더 멀리 여행할수록 더 많이 늘어난다. 이렇게 빛이 늘어나게 되면 더 붉게 보인다. 이것이 바로 우주론적 적색 이동이다.

계단을 절반쯤 내려갔을 때, 어떤 소리가 들렸다. 그 소리는 아무도 없는 것 같은 어두운 1층에서 들려왔다. 조지는 너무 무서워서 더는 내려가지 못하고 몸이 얼어붙었다. 주의를 끌까 봐 다시 위로 올라갈 수도 없었다. 조지는 귀를 쫑긋 세우고, 조심스럽게 귀를 기울였다.

잘못 들은 게 틀림없다고 생각하려는 순간, 그 소리가 또 들렸다. 조용하지만 또렷한 소리, 바로 살금살금 조심스럽게 내딛는 발자국 소리였다.

밖에는 보름달이 떠 있어서, 대낮처럼 밝은 빛이 아래층 창문으로 쏟아져 들어오고 있었다. 조지는 겁에 질려 꼼짝 않고 서 있는 곳에서, 긴 그림자 하나가 계단 밑을 지나 부엌으로 들어가는 것을 보았다. 또 고양이 같은 걸음걸이가 가만히 지나가는 사이, 뒷문이 열리고 닫히는 소리도 들었다.

조지는 최대한 조용히 다시 계단을 뛰어 올라가, 창문으로 정원을 내다보았다. 달빛 속에서 긴 그림자가 정원 끝으로 살금살금 가는 모습이 보였다. 그곳에서 그림자는 뒷마당 울타리 너머로 붕

떴다가 사라지는 듯했다. 조지는 가슴이 어찌나 쿵쿵 뛰던지, 현기증이 날 정도였다. 조지는 부모님 침실로 뛰어 들어가 아빠를 흔들어 깨웠다.

"드르렁."

조지의 아빠가 코를 골면서 몸을 뒤척였다.

"아빠!"

조지가 다급하게 외쳤다.

"아빠! 일어나세요!"

"드르렁!"

테렌스가 잠꼬대를 했다.

"폭탄을 금지하라! 고래를 구하라! 고기를 먹는 건 살인이다!"

조지가 아빠를 다시 흔들었다.

"고래잡이를 금지하라! 폭탄을 없애라! 고기를 구하라!"

테렌스가 계속 잠꼬대를 하는 동안, 옆에 있는 데이지는 베개 밑에 얼굴을 묻고 부드럽게 코를 골았다.

마침내 아빠가 잠에서 깨어났다.

"조지! 쌍둥이들 때문이니?"

테렌스가 신음했다.

"녀석들이 우유 먹을 시간이 됐니? 또?"

"아빠, 제가 누군가를 봤어요!"

조지가 테렌스에게 말했다.

"집에 누군가가 있었어요! 그가 정원 끝에서 울타리를 넘어가는 것을 봤다고요!"

테렌스는 찡그린 얼굴로 툴툴거리면서 무겁게 몸을 일으켰다.

"이런 곳에서 훔칠 만한 걸 찾았다면 운이 좋은 거지."

그가 혼잣말로 중얼거렸다.

"무엇이든 찾았다면 말이야."

테렌스는 아래층을 확인하러 가서는, 심각하지만 졸린 얼굴로 돌아왔다.

"뒷문이 열려 있더구나."

테렌스가 조지에게 말했다.

"내가 이제 잠가 두었으니 걱정 마라. 아마 고양이었겠지. 어서 가서 다시 자라. 쌍둥이들이 깨기 전……."

바로 그 순간, 한쪽 아기 침대에서 우는 소리가 들렸다.

"아, 안 돼."

테렌스가 신음했다.

"드디어 한 녀석이 시작하는군……."

또 다른 아기의 울음소리도 이어졌다.

"그리고 또 다른 녀석까지. 어서 가서 자렴, 조지. 아침에 보자."

다음 날 학교에 간 조지는 머리가 지끈거리며 아팠다. 도저히 눈을 뜨고 있을 수가 없어서 책상 위에 엎드렸다. 조지의 아빠는 경찰에 신고하지 않는다고 했다. 도난당한 게 아무것도 없는 데다, 아무튼 테렌스는 어떤 동물이 들어온 거라고 확신했다. 고양이가 음식을 찾아 부엌으로 몰래 들어온 거라고 말이다.

조지는 그렇게 생각하지 않았다. 조지가 들은 발자국 소리는 표범 정도의 크기라면 몰라도 고양이라고 하기에는 너무 무거웠다. 그 소리는 사람 발자국 소리에 훨씬 더 가까웠다. 그러나 아빠한테 왈가왈부하지 않았다. 조지는 있는 대로 하품을 했다. 이 모든 상황을 따져 보다가 녹초가 되고 말았다.

"많이 졸리니?"

새로 온 역사 선생님이 상냥하게 말했다.

"아니에요."

"그러면 얼른 교과서를 꺼내고 34쪽을 펴렴."

조지가 가방 속을 뒤져 교과서를 찾았다. 전날 저녁에 숙제로 읽으려고 표시해 두었다가, 에릭의 강연을 듣고 너무나 흥분한 나머지 깜박 잊고 있던 페이지를 펼쳤다.

그런데 누군가가 조지보다 먼저

그 부분을 펼친 모양이었다. 그 페이지 안에는 반으로 접은 쪽지가 끼워져 있었고, 그 쪽지에는 익숙한 꼬부랑 필체로 이름이 적혀 있었다. 가슴이 철렁 내려앉은 조지는 얼른 쪽지를 펴 읽었다.

> 조지,
> 우주에 사악한 기운이 돌고 있다. 우리의 친구 에릭이 지금 위험에 처해 있어. 우리는 꼭 만나야만 해. 그러니 어떤 방법으로도 나에게 연락하려고 하지 말거라.
> 내가 너한테 연락하마.
>
> Dr. R.

조지는 등골이 오싹해졌다. 전날 밤 가방을 아래층 거실 탁자에 놓아두었다. 그렇다면 간밤에 조지가 본 그림자와 조지가 들은 발자국 소리는, 과거에 에릭의 적이었던 리퍼 박사의 것이 틀림없었다.

'왜 나를 찾아왔을까?'

조지는 겁에 질려 생각했다.

'왜 에릭 아저씨를 찾아가지 않았을까?'

조지는 자신에게 질문을 던지자마자 답을 알았다. 에릭은 그곳에 없었다. 지난밤에 이미 코스모스와 함께 기 비리고 없었다. 게다가 리퍼 박사가 에릭의 집에서 찾으리라 예상한 나노 슈퍼컴퓨터 푸키 역시 리퍼가 가 본 적이 없는 조지의 집 이층에 있었다. 리퍼 박사가 에릭을 찾아갈 생각이었다 해도, 이미 에릭을 찾기엔 너무 늦은 시점이었다. 그래서 대신 조지를 찾으러 온 것이었다. 만약 리퍼가 한밤중에 몰래 왔었다면, 조지에게 매우 중요한 말을 하려던 게 틀림없다.

조지는 리퍼를 찾아서 무슨 일인지 물어야 한다고 생각했다. 그러나 리퍼를 믿을 수 있을까?

애니는 "절대 안 돼!"라고 말할 게 뻔했다. 리퍼는 전에 그들을 우주에서 두 번이나 곤경에 빠뜨렸기 때문이다. 하지만 결국은 좋은 사람임이 밝혀졌다. 그들이 먼 위성에 갇혀서 오도 가도 못하고 있을 때, 리퍼가 그들의 목숨을 구해 주었다. 그리고 지구로 돌아오자, 리퍼는 자신의 어두운 과거를 잊겠다고 맹세했다. 에릭과 친구가 되고 싶다는 말도 했다. 리퍼는 더는 어둠 속에 살지 않고 다시 진정한 과학자로서 일하고 싶어 했다.

조지가 교과서에서 발견한 쪽지로 미루어 보건데, 리퍼한테 에릭을 도울 수 있는 정보가 있는 듯했다. 조지의 머릿속은 온통 의문들로 가득 차 있었지만, 가장 중요한 물음은 대체 어떻게 리퍼를 찾아야 하느냐는 점이었다.

"만약 내가 리퍼 박사님이라면 어디에 있을까?"

조지는 속으로 생각했다. 아니, 속으로 생각하려 했지만, 그 말을 큰 소리로 낸 게 분명했다.

"그분이 어디에 있을지, 나는 모르겠구나."

역사 선생님이 부드럽게 대답했다.

"하지만 만약 내가 너라면, 얼른 34쪽을 펴고 칠판에 쓰여 있는 질문에 대한 답을 선생님에게 말할 거야."

반 아이들이 킥킥거렸다.

"죄송합니다……."

조지는 이렇게 말하고 그다음 30분 동안은 우주에 돌고 있는 사악한 기운에 대해서 잠시 잊고 1066년에 집중하려고 애썼다.

그러나 그렇게 하기가 너무 힘들었다. 마치 코스모스가 커다란

붉은색 글자로 경고한 것만큼이나 또렷하게, 한 가지 생각이 머릿속에서 떠나지 않았다.

에릭이 위험에 처해 있다.

11장

학교를 마친 뒤, 조지는 집으로 가기 전에 자전거를 타고 폭스브리지로 갔다.

거리에서 리퍼와 마주칠 가능성은 매우 희박했지만, 달리 어떻게 해야 할지 몰랐다. 그때 코스모스의 폭스브리지 지도가 떠올랐다. 바로 지하실! 만약 그 비밀회의가 열렸던 지하실을 찾을 수만 있다면, 토래그에 대해서 더 많은 정보를 얻을 수 있을지도 몰랐다. 조지는 리퍼가 남긴 쪽지 내용이 검은 옷을 입은 사람들과 관련 있음을 직감했다.

리퍼가 시위 장소에 있었을까?

검은 옷을 입고 빈센트에게 말을 걸려던 사람이 리퍼였을까?

조지는 있는 힘껏 페달을 밟았다. 폭스브리지라면 훤히 알고 있었고, 전에 코스모스의 지도에서 비밀 지하실이 있는 위치를 정확히 보았다.

폭스브리지에 도착한 조지는, 그곳이 에릭이 다닌 대학이라는 사실을 새삼 깨달았다. 에릭과 리퍼가 위대한 주주빈 교수의 제자로 다닌 그 대학 말이다. 리퍼, 주주빈, 에릭은 모두 같은 대학을 나온 동창이었다.

'주주빈, 주주빈.'

조지는 속으로 되뇌었다. 주주빈은 왜 행방을 종잡을 수 없는 사람처럼 보였을까?

에릭의 대학은 거대한 문을 굳게 잠가 두었지만, 입구에 나 있는 쪽문은 학생들이 드나들도록 열어 두었다. 하지만 쪽문으로 들어가자, 무섭게 생긴 대학의 경비원이 조지를 기다리고 있었다.

"벨리스 교수님께 드릴 게 있어서 왔습니다."

조지가 달리 뭐라고 해야 할지 몰라 거짓말을 둘러댔다.

"책상 위에 두고 가거라."

경비원이 딱딱하게 말했다. 그는 뒤편에 있는 푸른 잔디밭을 이제 막 다듬고 난 뒤였다. 풀밭 경계에 흩어져 있는 금잔화 꽃잎을 치우고, 포장길을 쓸고, 황동 문고리를 반질반질하게 닦고 난 뒤라, 꾀죄죄한 꼬마 녀석이 와서 완벽하게 정리해 둔 안뜰을 어지럽히길 바라지 않았다.

"오늘 수업은 끝났다."

경비원이 위로 추켜세운 수염 너머로 조지를 노려보며 버티고 서 있었다. 조지는 발길을 돌려 집으로 가는 수밖에 없었다.

조지는 간식을 먹은 뒤 애니를 만나러 옆집으로 갔지만, 애니의 엄마 수잔만 있었다. 수잔은 여느 때와 달리 기진맥진해 보였다. 대개 자다가 금방 나온 사람처럼 보인 쪽은 조지의 엄마였다. 그러나 이번에는 수잔이 헝클어진 머리에 짝도 맞지 않는 옷을 걸치고, 수심이 가득한 얼굴을 하고 있었다.

"애니는 지금 집에 없단다."

수잔이 조지에게 말했다.

"빈센트랑 태권도를 배우러 갔어. 빈센트는 검은 띠인 모양이더라."

'물론 그렇겠지. 녀석은 그러고도 남을 거야.'

조지가 속으로 생각했다.

"들어오라고 말하고 싶지만 내가 지금 일요일에 있을 큰 파티를 준비하느라 좀 바쁘단다. 그리고 이것 좀 보렴! 창문이 깨졌는데 영문을 모르겠구나. 사방에 유리 조각이 널려 있단다."

조지는 가슴이 철렁 내려앉았다.

"지난밤에 일어난 일인가요?"

조지는 자기 집에도 한밤중에 누군가가 다녀갔다는 말은 하고 싶지 않았다. 수잔은 지금 안고 있는 걱정만으로도 벅차 보였다.

"그런 것 같구나."

수잔이 금방이라도 울음을 터뜨릴 것만 같았다.

"아무 소리도 듣지 못했단다. 잃어버린 것도 없고 말이야. 정말 이상한 일 아니니?"

"에릭 아저씨는 곧 돌아오시나요?"

조지가 수잔의 기분을 북돋아 보려고 애쓰며 물었다.

"에릭 소식은 거의 듣지 못했단다. 내일 밤에 중요한 회의가

열린다고 하더구나. 에릭은 모든 문제가 잘 해결되어서 다음 날 아침에 돌아올 수 있기를 바라고 있단다. 틀림없이 모든 게 잘될 거야. 나는 내 동생을 보러 가는 길에 애니를 차에 태워 가서, 동생네에서 하룻밤 지내려고 한단다. 난 지금 떠나야 해, 조지. 더는 머뭇거릴 수가 없구나."

그러고는 수잔은 뒷문을 닫았고, 조지는 자물쇠에서 열쇠가 돌아가는 소리에 이어 빗장이 걸리는 날카로운 소리를 들었다. 조지는 한숨을 쉬었다. 여기서 더는 할 일이 없었으므로, 터벅터벅 집으로 돌아갔다.

조지는 부엌으로 들어갔다. 그의 아빠가 뉴스를 들으려고 막 라디오를 켠 참이었다.

"거대 강입자 충돌기에서 새어 나온 파괴의 거품이 정말로 우주를 삼킬까요?"

뉴스 앵커가 유쾌한 목소리로 말했다.

"이 엄청난 물음에 오늘 저녁 모든 사람의 관심이 집중되어 있습니다."

"조지! 혹시 이 뉴스에 대해서 뭐 아는 거 있니?"

테렌스가 당황해서 물었다.

"쉿!"

조지기 말했다.

"잠깐만, 아빠. 뉴스 좀 듣게 조용히 해 주세요!"

뉴스 앵커가 말을 이었다.

"오늘 과학에 반대하는 집단이자 '중력의 추가를 거부하는' 토래그라는 조직이 발표한 성명에 따르면, 거대 강입자 충돌기에서 이뤄지는 새로운 실험이 대단히 위험할 수 있다고 합니다! 우주에 보낸 공개서한에서, 이 조직의 과학자들은 이 실험이 진짜 진공이라는 것을 소량 만들어 낼 수 있기 때문에 무모하고 위험하다고 주장합니다. '토래그' 소식통에 따르면, 우리가 우주에 존재하는 것은 가짜 진공 덕분입니다. 그런데 이 가짜 진공이 곧 충돌기에서 이루어질 고에너지 실험들의 결과로 파괴될 가능성이 있다고 합니다. 토래그는 여덟 시간 이내에 파괴의 거품이 우리의 태양계 전체를 갈가리 흩어지게 하리라고 추산합니다! 충돌기 실험 팀을 지휘하는 에릭 벨리스 교수는 오늘 저녁에 모실 수가 없었습니다. 그러나 조금 전, 그분과 함께 일하는 사람들을 대신해서 '충돌기는 절대로 안전하며 어느 누구도 과학의 진보를 두려워해서는 안 된다.'는 성명이 발표되었습니다. 그러면 다음 뉴스를 전해드리겠습니다."

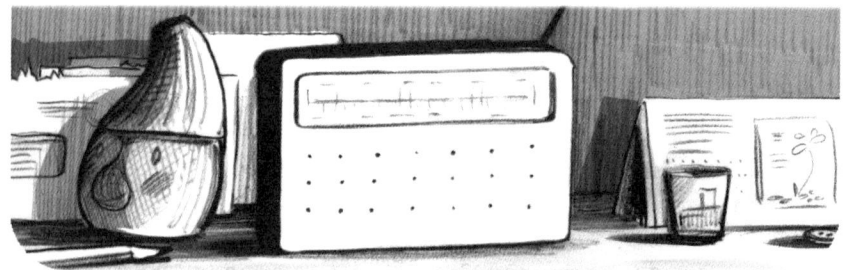

진공

진공은 무엇이며 진공청소기와 어떤 관련이 있나?

진공은 안에 공기조차 들어 있지 않을 정도로 텅 빈 공간을 의미한다. 따라서 어떤 방에서 모든 공기를 빼낸다면 진공을 만들 수 있을 것이다.

진공청소기는 공기 펌프를 이용해서 '자칭' 진공이라는 것을 만들어 낸다. 그것이 집을 청소할 때 모든 먼지 입자들을 휩쓸어 버리는 데 도움이 되기 때문이다. 그러나 진공청소기를 이용해서 우리가 여기서 논하는 진공과 똑같이 만들 수는 없다. 진공을 만드는 실험을 하려면 훨씬 더 강력한 펌프가 있는 무언가가 필요하다.

> 거대 강입자 충돌기의 빔파이프에 있는 진공은 우주 공간의 일부 지역만큼이나 가스 분자들이 없다!

진공

방에서 모든 입자를 제거하기란 쉬운 일은 아니다. 심지어 원자가 전혀 없는 방이라고 해도 복사는 여전히 포함하고 있다.

- 방의 따뜻한 벽이 방출한 적외선 광자

- 텔레비전 송신 장치에서 나온 전파 광자

- 빅뱅으로 남겨진 마이크로파 광자

- 우주 공간에서 휙휙 돌아다니는 다른 입자들
  (예: 태양이 만들어 낸 중성미자)

- 또한 여전히 암흑 물질도 포함하고 있을 것이다!

만약 따뜻한 벽을 식혀서 복사를 제거할 수 있다면 어떻게 될까? 그러면 그 방은 은하들 사이의 공간보다 더 텅 비게 되겠지만, 여전히 '양자 마당(quantum fields)'이라는 것을 포함하고 있을 것이다. 이것은 광자와 중성미자와 전자를 비롯한 다른 입자들의 배경에 있는 것이다. 물리학자들은 양자 마당의 가장 낮은 에너지 상태를 '진공' 상태라고 부르며, 우리가 상상하고 있는 방을 가득 채운 것에서 관측할 수 있는 입자가 전혀 없는 상태이다. 만약 충분히 가까이 살펴볼 수 있다면, 시공간과 중력에서 중력파라는 아주 작은 요동들이 보일 것이다.

따라서 펌프로 모든 분자들을 빼내어 방이 완전히 텅 비어 있는 듯이 보여도, 사실 이 진공은 활발한 움직임으로 와글거리고 있다!

에너지를 진공 상태에 넣으면(물리학자들은 그것을 '들뜨게 한다'고 말한다.), 입자들(그리고 반입자들)이 나타난다. 진공은 에너지가 가장 낮은 상태라고 생각된다. 똑같이 낮은 에너지를 가진 다른 진공 상태들도 많을 것이다. 그런 상태들은 들뜨게 되면 친근해 보이는 입자들을 만들어 낼 것이다. 온도가

훨씬 더 높았던 초기 우주에서는 공간이 더 높은 에너지를 가진 가짜 진공 상태로 잠시 존재해서, 오늘날에는 낯설어 보일 입자들을 가졌을 것이다. 온도가 떨어지면서, 이런 가짜 진공이 붕괴해서 현재 같은 더 낮은 진공이 되었을 것이다. 진짜 진공은 정말로 가능한 최저 에너지를 갖고 있는 상태이다.

지구에서 하는 실험이 우리를 다른 진공 상태로 보낼 수 있다는 주장은 어불성설이다!

테렌스가 라디오를 껐다.

"이게 사실이니? 에릭의 실험 때문에 우리가 진짜 위험에 처해 있는 거니?"

테렌스가 조지에게 울적한 목소리로 물었다.

"아니에요! 절대로 아니에요! 에릭 아저씨는 인류를 파괴시키려는 게 아니라 돕고 싶어 한다고요!"

조지가 외쳤다.

"그러면 왜 사람들이 에릭에 대해서 저런 말들을 할까?"

"그건 저도 잘 모르겠어요. 그렇지만 누군가 아저씨가 발견하는 것을 막고 싶어 해서 진짜 진공에 대한 이런 터무니없는 이론을 만들어 낸 게 분명해요. 그 이유를 알아내야 해요! 저는 에릭 아저씨를 도와야 해요."

"너는 숙제를 해야지."

조지의 아빠가 진지하게 말했다.

"그러니 이제 애니네 가족 일은 신경 쓰지 말도록 해라. 아빠는 네가 이런 일에 엮이길 원하지 않으니까 말이야. 알아들었니, 조지? 만약 타당한 설명이 있다면, 에릭이 직접 말할 때까지 기다리도록 하자. 그때까지는 끼어들지 말도록 해라. 약속하지?"

"약속해요."

조지가 마지못해 대답했다. 아빠를 속이기는 몹시 싫었지만, 조지는 등 뒤로 손가락을 걸어 행운을 빌었다.

다음 날 아침은 토요일이었다. 그래서 조지는 옷을 다 입은 채로 침대 위에 아무렇게나 누워서 무엇을 할까 생각하고 있었다.

그때 휴대 전화가 울렸다. 조지는 이제 중학생이 되었기 때문에, 마침내 엄마 아빠가 휴대 전화를 갖게 해 주었다.

"애니구나!"

조지는 애니의 목소리가 그렇게 반가웠던 적이 없었다. 전날 밤에 문자를 수백 통이나 보내고 전화도 걸었지만, 애니는 아무 대꾸도 하지 않았다.

"뉴스에서 사람들이 우리 아빠에 대해서 하는 말 들었니?"

애니가 물었다.

"응…… 들었어."

조지가 조심스럽게 대답했다. 유명한 아버지를 둔다는 건 무서운 일이 틀림없다고 생각했다.

"너희 아빠가 전화하셨니?"

"아니."

애니가 코를 훌쩍거렸다.

"문자도 없고, 이메일도 없고, 아무 소식도 없으셔. 그런데 인터넷에서는 사람들이 온통 우리 아빠더러 위험한 미치광이라며, 아빠가 우주 전체를 파괴시키려고 하니까 더는 실험을 하지 못하게 막아야 한다고 난리야. 내가 아는 건 아빠가 오늘 밤 7시 30분에 과학 탐구단과 중요한 회의에 참석하신다는 것뿐이야. 엄마는 그

회의가 끝난 뒤 아빠가 집으로 오시길 바라고 계셔."

"애니, 나 리퍼 박사님한테서 이상한 쪽지를 받았어."

조지가 털어놓았다.

"리퍼 박사님한테서?"

애니의 목소리가 날카로웠다.

"무슨 내용인데?"

"너희 아빠가 위험에 처해 있고, 우주에 사악한 기운이 돌고 있다는 내용이었어."

"별다른 것도 없네, 뭐."

애니가 한숨을 지었다.

"그건 이미 다 알고 있는 사실이잖아! 아이 참, 도움이 되는 말씀을 해 주시지. 리퍼 박사님하고 얘기는 해 봤니?"

"아니. 전화번호를 남기지 않으셨어. 그저 쪽지만 남기셨지. 리퍼 박사님 스타일로, 양피지에 꼬부랑 글씨를 써서 말이야. 깃펜에 피나 뭐 그런 걸 묻혀서 썼겠지."

"정말로 리퍼 박사님답구나."

애니가 맥 빠진 목소리로 말했다.

"나는 푸키를 작동시켜 보려고 했이."

조지가 말을 이었다.

"그래서 성공했니?"

"아니."

조지가 푸키 우리를 넘겨다보며 다시 말했다. 햄스터 슈퍼컴퓨터는 아무 의미도 없는 파랗고 멀뚱한 텅 빈 눈으로 건초에 코를 박고 킁킁거리고 있었다. 이번에는 쳇바퀴에서 몇 시간이고 미친 듯이 달리고 있지 않았다.

"지난밤에 에메트와 연락해서 원격으로 푸키와 연결을 시도했는데, 그 애도 작동시킬 수 없다고 하더라고."

조지가 말했다.

에메트는 미국에 있는 친구로, 예전에 조지와 애니를 도와 코스모스를 수리한 적도 있는 컴퓨터 천재였다.

"아, 정말 골칫거리군! 컴퓨디 천재도 해결할 수 없다면, 우린 불가능한 거지, 뭐."

애니가 슬프게 말했다.

"그런데 에메트가 푸키에 대해서 이런 말을 했어. 쳇바퀴에서 계속 달리는 게, 푸키가 무언가를 계산하고 있는 동안 자신의 중앙 처리 장치를 식히는 방법 같다고. 녀석이 작동하고 있을 때 머리를 식히는 냉각제 같은 것 말이야."

"그러니까 푸키는 망가진 게 아니라, 우리가 작동시키지 못하는 것뿐이라는 소리네!"

애니가 한숨을 지었다.

"정말 짜증난다! 푸키는 왜 우리를 돕지 못할까?"

조지는 대답할 수 없었다. 바로 그 순간, 햄스터 우리에서 갑자기 귀청이 떨어져 나갈 듯이 날카로운 소리가 들렸기 때문이다.

"쌍둥이 아기들 소리니?"

전화기 반대편에서 그 소리를 들은 애니가 물었다.

"쌍둥이들이 아니야."

조지가 천천히 말했다.

"내 생각엔 푸키가 낸 소리 같아."

조지가 푸키의 우리를 들여다보았다. 푸키는 코를 천장 쪽으로 쳐들고 뒷다리로 서 있었다. 푸키는 두 앞발로 허공을 미친 듯이 긁으면서 또다시 날카로운 소리를 냈다. 이렇게 작은 동물이 내기에는 너무 소름 끼치는 큰 소리였다. 갑자기 푸키가 머리를 홱 돌리더니, 파란색에서 번득이는 노란색으로 변한 작은 눈으로 조지를 무섭게 노려보았다.

"무슨 일이니?"

애니가 날카롭게 물었다.

"푸키가 발작을 일으키고 있어."

조지가 조금 두려운 목소리로 대답하는네, 갑자기 푸키가 입을 열었다.

"조지."

푸키가 녹슨 못으로 칠판을 긁는 듯한 거슬리는 목소리로 말했다.

"조지."

"누가 말한 거니?"

애니가 전화에 대고 소리쳤다.

"푸키가…… 푸키가 방금 말을 했어!"

목 뒤의 머리털이 쭈뼛 서는 것을 느끼며 조지가 기어들어 가는 목소리로 말했다.

조지가 아는 한, 푸키는 단 한 마디도 말한 적이 없었다. 코스모스와 달리 조용한 슈퍼컴퓨터였다. 조금 전까지는.

푸키가 낸 목소리는 햄스터의 목소리도, 컴퓨터의 목소리도 아니었다. 바로 사람의 목소리, 그것도 두 아이 모두 잘 알고 있는 사람의 목소리였다.

"리퍼 박사님이야!"

애니가 놀라서 말했다.

"푸키가 너한테 리퍼 박사님의 목소리로 말한 거야!"

"조지, 넌 나를 도와야만 해."

푸키가 이번에는 더 또렷하게 말했다.

"어떻게 해야 하지?"

조지가 겁에 질려서 애니에게 물었다.

"원하는 게 뭔지 물어봐."

애니가 다그쳤다.

"하지만 속지는 마! 리퍼 박사님이 전에 우리에게 한 짓을 잊으면 안 돼!"

"제가 어떻게 도와드리면 되죠?"

조지가 물었다. 자신이 지금 전자 햄스터와 대화를 나누고 있다는 사실을 깨닫자, 끔찍한 생각이 들었다.

"너는 나와 만나야 해."

푸키가 두 눈을 번득이면서 말했다.

"우주여행을 해서 나를 찾아오너라. 할 얘기가 있어."

"리퍼 박사님 맞죠?"

"나 아니면 누구겠니?"

햄스터가 리퍼 박사의 목소리로 말했다.

"지난번 우리가 만났을 때, 박사님은 지구에서 41광년 떨어진 위성에서 산소가 고갈되어 가는 우리를 버리려고 했어요. 그리고 그 전에는 에릭 아저씨를 블랙홀 속으로 던지려 했고요."

"난 변했어. 너를 돕고 싶어."

푸키가 간단히 말했다.

"제가 왜 박사님의 말을 믿어야 하죠?"

"굳이 내 말을 믿을 필요는 없어. 하지만 내 말을 듣지 않는다면, 에릭은 결코 집으로 돌아오지 못할 거야……."

조지의 머릿속으로, 낯선 곳에 영원히 홀로 버려진 프레디의 모습이 스치고 지나갔다.

"지금 말해 주면 안 돼요?"

조지가 작은 햄스터를 두 손으로 잡으면서 물었다.

"에릭 아저씨한테 무슨 일이 벌어지고 있는 거예요?"

"에릭은 지금 큰 위험에 처해 있어……. 그를 구할 수 있는 사람은 오직 너뿐이야, 조지. 나를 만나야 해. 푸키가 너를 내게로 데려다줄 거야. 시간이 많지 않아. 당장 출발하렴. 안녕, 조지. 그럼 우주에서 보자!"

"리퍼 박사님! 리퍼 박사님! 돌아오세요!"

조지가 햄스터에게 소리쳤다.

그러나 푸키의 눈은 다시 파란색으로 변해 있었고, 조지는 연결이 끊어졌음을 깨달았다.

"박사님이 뭐라고 말한 거야?"

애니가 전화기에 대고 소리쳤다.

바로 그때, 햄스터가 몸을 부르르 떨더니, 털이 복슬복슬한 등 쪽에서 작은 알갱이 하나가 톡 떨어졌다.

"박사님이 그러는데, 나더러 자기를 만나러 우주로 오래."

전화기를 들고 있는 조지의 손이 부들부들 떨리고 있었다.

"어디로? 박사님을 만나러 우주 어디로 오래?"

애니가 외쳤다.

"그런 말은 하지 않았어. 어디로 가는지, 어떻게 가야 하는지도 말해 주지 않았어."

"푸키를 다시 작동시켜 봐!"

애니가 다그쳤다.

조지는 작은 햄스터를 집어 들었다. 그러고는 아직 찾지 못한 스위치가 숨어 있는지 보려고, 털이 복슬복슬한 녀석의 몸을 구석구석 부드럽게 눌러 보았다. 하지만 햄스터는 그저 예전과 똑같이 멍한 표정으로 조지를 쳐다보고 있을 뿐이었다.

"내가 너희 집으로 갈게."

"아냐, 오지 마! 시간이 없어."

조지가 말렸다.

조지는 푸키가 우리 바닥에 떨어뜨린 작은 알갱이를 집어 들었다. 그것은 돌돌 말린 종잇조각이었다. 종잇조각을 펼쳐 보니, 길고 얇은 종이에 숫자가 일렬로 적혀 있었고, 마지막은 대문자 H로 끝나 있었다.

"또 다른 메시지 같네……. 어쩌면 목적지를 적은 것인지도 몰라……."

리퍼 박사가 한때 에릭에게 보낸 편지를 떠올리며 조지가 천천히 말했다. 언젠가 리퍼는 에릭이 방문해 보길 바란다며 편지에

먼 행성의 좌표를 적어 보낸 적이 있었다. 조지는 쭉 나열된 숫자를 보고 있자니, 전에 리퍼가 행성의 위치를 적어 주었던 방식과 비슷하다는 생각이 들었다. 물론 그때 그 좌표는 실제로 존재하지 않았고, 리퍼에게 속은 에릭은 초대형 블랙홀 통로로 곧장 들어가 버리고 말았다.

"내가 박사님을 만나야 하는 곳이 바로 여기인지도 몰라……."

"하지만 네가 어떻게 거기에 가겠어?"

애니가 물었다.

"게다가 안전한 일일지 우리가 어떻게 아니? 어쩌면 네가 블랙홀 속으로 떨어질지도 모르잖아!"

"지금은 뭐라 말 못 하겠어."

조지는 한쪽 어깨와 귀 사이에 휴대 전화를 끼운 채 침대에서 펄쩍 뛰어내렸다. 그러고는 벽장을 열고, 우주여행 기념품으로 에릭이 준 우주복을 꺼냈다.

푸키가 다시 흥분하면서 파란 눈의 색깔이 서서히 변하고 있었다. 조지는 푸키가 막 작동하려는 신호라는 걸 알았다.

"내가 너희 집으로 갈게."

애니가 단호하게 말했다.

"자전거를 타고 최대한 빨리 갈 테니까, 내가 도착할 때까지 아무 데도 가지 마."

"미안해, 애니. 기다릴 시간이 없어."

푸키는 똑바로 앉아 있었고, 눈에서는 이제 붉은빛이 났다. 눈에서 나온 두 줄기 작은 불빛이 방의 중간쯤에서 멈추었다. 그러더니 불빛이 빙글빙글 돌면서 번쩍번쩍 빛나는 원을 만들고, 마치 푸키의 햄스터 바퀴처럼 휙휙 돌았다.

"조지! 전화 끊지 마!"

애니가 수화기에 대고 소리쳤다.

바로 그 순간에 조지는 힘겹게 우주복을 입고 있었다.

"우주로 혼자 가면 안 돼!"

"선택의 여지가 없어!"

조지가 음성 전송 장치가 아니라 보통 음성으로 말할 수 있도록, 우주 헬멧을 쓰기 전에 외쳤다.

"내가 지금 가지 않으면, 리퍼 박사님이 우리에게 무슨 말을 하려고 하는지 알지 못할 거야! 애니, 난 당장 가야 해……."

조지가 휴대 전화를 침대 위에 내려놓았다. 푸키가 내뿜은 빛의 원이 조지 앞에서 커져 있었다. 그 너머로, 은빛 터널이 보였다. 터널은 멀리까지 이어져 있어서, 반대편에는 무엇이 있을지 전혀 알 수 없었다. 조지는 우주 헬멧을 쓰고 산소 탱크에서 숨을 깊이 들이마셨다. 전송 장치에서 리퍼의 목소리가 다시 들렸다.

"조지."

리퍼가 귀에 거슬리는 쉰 목소리로 말했다.

"조지……. 빛의 터널로 들어가라."

"리퍼 박사님은 어디에 계세요?"

조지가 용감하게 들리려고 애쓰며 물었지만, 전혀 용기가 나지 않았다. 평생 이토록 두려운 적이 없었다. 피가 얼어붙는 것 같았고, 가슴은 터질 듯이 뛰고 있었다.

"나는 반대쪽에서 너를 기다리고 있단다. 터널을 따라와라, 조지. 내게로 와."

예전에 우주여행을 하러 코스모스의 출입구로 발을 들여놓을 때는 대개 반대쪽이 어디인지 알 수 있었다. 그러나 이번에는 길이 어디로 통하는지 보이지 않은 채, 그저 구불구불 이어지는 은빛 터널만 반짝이고 있을 뿐이었다.

반대쪽에서 무엇을 발견하게 될까? 평행 우주? 미래의 또 다른 장소? 터널이 구부러진 건 시공 곡률을 따라가 지구의 중력 마당에서 멀리 떨어져 있는 어떤 신비한 목적지로 연결되어 있기 때문일까? 반대쪽에는 무엇이 기다리고 있을까? 이 모든 걸 알아낼 방법은 한 가지뿐이었다.

"에릭을 구하고 싶다면, 넌 이 여행을 계속 해야 해. 그저 발을 내딛기만 해, 조지. 그러면 터널이 너를 내게로 데려다줄 거야."

"조지!"

침대 위에 놓인 전화기 속에서 애니가 소리쳤다. 조지는 헬멧에 달린 외부 마이크 덕분에 아직 주변 소리를 들을 수 있었다.

"리퍼 박사님이 하는 말은 나한테도 들려! 조지, 가지 마!"

조지는 망설였다. 그때 전화기에서 또 다른 목소리가 들렸다. 바로 빈센트였다.

"조지, 혼자 가지 마! 안전하지 않아. 애니가 내게 출입구와 리퍼 박사에 대해서 말해 주었어. 넌 가면 안 돼."

뭐라고? 조지는 와락 화가 치밀어 올랐다. 빈센트는 애니의 이모네 집에서 애니와 뭘 하고 있는 거지? 조지가 애니와 말하는 내내 빈센트도 다 듣고 있었단 말인가? 빈센트가 우주의 문과 고스모스와 리퍼 박사에 대해서 알고 있단 말인가? 조지와 애니가 어느 누구에게도 말하지 않겠다고 굳게 맹세했던 모든 비밀을

빈센트도 알고 있단 말인가? 그리고 이제 애니의 새로운 단짝일 뿐만 아니라, 태권도 챔피언이자 최고의 스케이트보드 선수인 빈센트가, 조지에게 이래라저래라 말하고 있단 말인가?

그러니까 빈센트는 조지가 이 일을 해내지 못할 거라고 생각한단 말이지? 자신의 멘토이자 스승이자 애니의 아빠인 에릭을 구할 만큼 용감하지 않다고 생각한단 말이지?

"너한테 보여 주고 말겠어, 빈센트."

조지가 혼잣말로 중얼거렸다.

"그리고 내가 반드시 에릭 아저씨를 구하고야 말겠어."

조지가 거들먹거리며 말을 이었다.

"안녕, 지구인들이여. 내가 우주로 간다. 잠시 뒤에 돌아오마."

푸키가 만든 빛의 바퀴 쪽으로 나아가자, 놀이공원에서 워터슬라이드를 타고 내려가는 듯이 조지의 몸이 터널 속으로 금세 빨려 들어갔다. 조지는 마치 슈퍼맨처럼 두 팔을 앞으로 쭉 뻗은 채 이쪽저쪽으로 돌면서, 은빛 터널을 지나 순식간에 미지의 장소로 나아갔다.

조지는 생각할 겨를이 없었다. 저 바깥에 광활한 우주 공간 어딘가에서 그를 기다리고 있는 리퍼 박사를 만나기 위해, 희미한 빛이 비치는 터널을 엄청난 속도로 여행하고 있었다.

이미 몇 광년쯤 지났을 때, 조지는 애니가 지르는 비명을 들은 것 같았다. 그 소리는 조지가 쓴 우주 헬멧 주위에서 울려 퍼지고 있었다.

"안 돼애애애애!"

그러나 이미 너무 늦어 버렸다. 조지는 사라지고 없었다.

〈2권에서 계속〉

공간과 시간, 그리고 상대성

4차원 시공

우리는 지구상에서 어딘가를 가고 싶을 때 보통 2차원으로만 생각한다. 북쪽과 남쪽은 얼마나 멀고, 동쪽과 서쪽은 얼마나 먼지, 이런 것을 알아내기 위해 만든 게 바로 지도이다. 우리는 언제나 2차원 방향을 사용한다. 이를테면, 차를 몰고 어딘가로 가려면 그저 앞으로(혹은 뒤로) 가거나, 왼쪽으로(혹은 오른쪽으로) 돌기만 하면 된다. 이것은 지구의 표면이 2차원 공간이기 때문이다.

반면, 비행기 조종사는 지구 표면에 붙어 있지 않다! 비행기는 위아래로도 갈 수 있다. 따라서 비행기는 지구 표면에서의 위치뿐만 아니라 고도도 바꿀 수 있다. 조종사가 비행기를 조종하고 있을 때는 '북쪽'이나 '동쪽'이나 '위'가 비행기 위치에 따라 달라진다. 예컨대, '위'는 지구의 중심에서 멀어지는 것을 의미하므로, 호주 상공에 있을 때와 영국 상공에 있을 때의 '위'는 매우 달라진다!

지구에서 훨씬 멀리 떨어진 우주선의 선장도 입장이 같다. 이 선장은 무엇이든 자신이 바라는 세 개의 참고 방향을 선택할 수 있다. 하지만 언제나 세 개여야만 한다. 왜냐하면 우리와 지구와 태양과 별들을 비롯한 모든 은하들이 존재하는 공간이 3차원이기 때문이다.

공간과 시간, 그리고 상대성

물론, 파티장이나 스포츠 경기처럼 꼭 다다라야 하는 목적지가 있다면, 장소가 어디인지 아는 것만으로는 충분하지 않다! 언제 시작하는지 시간도 알아야 한다. 따라서 우주 역사에서 일어나는 사건은 네 개의 거리, 즉 네 개의 좌표가 필요하다. 공간 좌표 세 개와 시간 좌표 한 개 말이다. 즉 우주와 그 안에서 무슨 일이 일어나는지 완벽하게 묘사하기 위해서 우리는 4차원 시공을 다루고 있다.

상대성

아인슈타인의 특수 상대성 이론에서는 자연의 법칙은, 특히 빛의 속도는 사람이 얼마나 빨리 움직이든지 일정하다고 말한다. 같은 사건에 대해 다른 속도로 각각 움직이는 두 사람 속도의 차이만큼 사건 사이의 거리를 다르게 인식한다고 보면 알기 쉽다. 이를테면, 제트기 안의 동일한 장소에서 일어난 두 사건이 지상에 있는 관측자에게는 제트기가 두 사건 사이에 움직인 거리만큼 떨어져 있는 것처럼 보일 것이다. 따라서 비행기의 맨 끝에서부터 맨 앞까지 움직이는 빛의 파동의 속도를 측정한다면, 제트기 안에서 속도를 측정하는 사람과 지상에서 관측하는 사람은 빛이 방출되었을 때부터 맨 앞에 디디를 때까지 빛이 움직인 거리를 다르게 느낄 것이다. 그런데 속도는 여행 거리를 여행 시간으로 나눈 것이기 때문에, 또한 빛이 방출된 시간과 도착한 시간의 간격도 다르게 느낄 것이다. 만약 아인슈타인의 이론이 말하듯이 빛의 속도가 동일하다면 말이다!

이것은 뉴턴이 생각한 것처럼 시간이 절대적일 수 없다는 것을 보여 준다. 즉 우리는 각 사건마다 모든 사람이 동의하는 시간을 지정할 수 없다. 대신 사람마다 나름대로 측정된 시간을 가지므로, 움직이고 있는 두 사람이 서로에 대해서 측정한 시간들은 일치하지 않을 것이다.

이를 시험하기 위해, 매우 정확한 원자시계를 비행기에 실어 고속으로 지구를 돌게 했다. 돌아왔을 때 확인해 보니, 지상에 똑같은 장소에 머물러 있던 유사한 시계보다 원자시계가 조금 더 느리게 갔다. 이것은 비행기를 타고 끊임없이 세계 일주를 한다면, 수명을 연장할 수 있음을 의미한다! 그러나 이런 효과는 매우 적을 뿐더러(한 번 일주할 때마다 0.000002초 정도) 모든 기내식을 먹어서 도루묵이 되고 말 것이다!

옮긴이 **김혜원**

연세대학교 천문기상학과를 졸업하고 동대학원에서 이학석사학위를 받았다. 《우주여행, 시간여행》으로 제15회 과학기술도서상 번역상을 수상했으며 현재 전문 번역가로 활동하고 있다. 옮긴 책으로 〈해리 포터〉 시리즈를 비롯해 〈애니모프〉 시리즈, 〈델토라 왕국〉 시리즈, 《우주가 우왕좌왕》, 《물리가 물렁물렁》, 《아름다운 밤하늘》, 《고대 야생 동물 대탐험》, 《혜성》, 《세균 전쟁》, 《알베르트 아인슈타인》, 《하버드 대학의 공부벌레들》, 《진화하는 진화론》 등이 있다.

스티븐 호킹의 우주 과학 동화

조지와 빅뱅 ❶

초판 1쇄 발행 2012년 3월 22일
개정판 1쇄 발행 2018년 5월 3일
개정판 5쇄 발행 2024년 7월 15일

지은이 루시 & 스티븐 호킹 | **옮긴이** 김혜원

발행인 양원석 | **펴낸곳** (주)알에이치코리아
출판등록 2004년 1월 15일 제2-3726호
주소 08588 서울시 금천구 가산디지털2로 53, 20층 (한라시그마밸리)
편집 문의 02-6443-8921 | **도서 문의** 02-6443-8800

ISBN 978-89-255-6344-2 (73840)

홈페이지 rhk.co.kr
블로그 blog.naver.com/randomhouse1 | **포스트** post.naver.com/junior_rhk
인스타그램 @junior_rhk | **페이스북** facebook.com/rhk.co.kr

제조자명 (주)알에이치코리아 | 제조국명 대한민국 | 사용연령 8세 이상
※ 종이에 손이 베이거나 모서리에 다치지 않게 주의하세요.
※ 잘못 만들어진 책은 구입하신 곳에서 바꾸어 드립니다.